पत्थरों का गीत

(कविता संग्रह)

वाणी प्रकाशन
21-ए, दरियागंज, नई दिल्ली-110002
फोन : 011-23273167, 23275710, 51562622
फैक्स : 01123275710
e-mail : vani_prakashan@yahoo.com,
amaheshwari_del@touchtelindia.net

पत्थरों का गीत

कुमारेन्द्र पारसनाथ सिंह

सम्पादन एवं भूमिका

आनन्द प्रकाश

वाणी प्रकाशन का लोगो
विख्यात चित्रकार मकबूल फिदा हुसेन
की कूची से

ISBN : 978-81-8143-390-9

वाणी प्रकाशन
21-ए, दरियागंज, नयी दिल्ली-110002
द्वारा प्रकाशित

प्रथम संस्करण : 2005

आवरण : वाणी चित्रांकन

मूल्य : 95.00

एस. एन. प्रिंटर्स, दिल्ली-110032
द्वारा मुद्रित

PATTHARON KA GEET
(Poetry)
by Kumarendra Parasnath Singh
Edited by Anand Prakash

भूमिका

'मेरा गाँव मुझे बुला रहा है'

एक हिस्सा है कुमारेन्द्र की मानसिकता का जिसमें शहर, नफासत, शब्द-सौन्दर्य, संगीत, आदि हैं। लेकिन यह हिस्सा शीघ्र ही उनकी प्रेरणा के दायरे से निकल जाता है। एक दूसरा हिस्सा कुमारेन्द्र के शहर वाले हिस्से को नकारने लगता है। यह नकार हमारे माहौल के उस कवि की नियति है जिसे अपनी भूमिका की तलाश है।

किसी कवि के बारे में सोचते वक्त पहला सवाल यह उठता है कि उसका, यानी उसकी कविता का मुख्य सरोकार क्या है। कुमारेन्द्र गाँव की मासूमियत से, उसकी ईमानदार और सख्त व्यवहारशीलता से न केवल वाकिफ थे, बल्कि गहरे रूप में जुड़े थे। फिर, कुमारेन्द्र का गाँव भी इतिहास ही था जिसे वे समझ के साथ पाठक के सामने रखना चाहते थे। कवि-कर्म के दौरान लेखकीय चेतना और भूमिका को लेकर कुछ कठिनाइयाँ, कुछ सीमाएँ नजर आती होंगी, लेकिन जल्द ही कुमारेन्द्र को खुद से बातचीत का सिलसिला शुरू करके यह कहना पड़ता रहा कि कवि के रूप में उन्हें कुछ अलग और विशिष्ट देखना है। इस देखने का ताल्लुक गाँव से था जो उन्हें प्रायः बुलाता था। 'मुझे मेरा गाँव बुला रहा है' वह पंक्ति है जो कुमारेन्द्र की प्रसिद्ध कविता 'लाल तराई का गीत' में बार-बार दुहराई जाती है।

कुमारेन्द्र पारसनाथ सिंह का पहला कविता संग्रह 'इतिहास का संवाद' सन् 1980 में छपा। उस समय कुमारेन्द्र 52 वर्ष के थे। सन् 1928 में जन्मे कुमारेन्द्र की रचनाएँ चालीस के दशक में प्रकाशित होने लगी थीं और सन् साठ तक वे एक महत्त्वपूर्ण कवि तथा विचारक के रूप में प्रतिष्ठित हो चुके थे। इस पर विचार हो सकता है कि उनका प्रथम संकलन इतनी देर बाद क्यों प्रकाशित हुआ, जबकि आम चलन इसके बिलकुल विपरीत है। मसलन, अनेक कवि अपने लेखन की शुरुआत ही संकलन के साथ करते हैं, पत्रिकाओं में उनकी कविताएँ बाद में आनी शुरू होती हैं। उधर, देर से छपने वाले कवियों में सबसे बड़ा उदाहरण मुक्तिबोध का है जो 'चाँद का मुँह टेढ़ा है' के छपने के वक्त कोमा में जा चुके थे, जो अपना संकलन

कभी नहीं देख पाये। हो सकता है मुक्तिबोध की आसन्न मृत्यु ने कुछ लोगों को संकलन निकालने की प्रेरणा दी हो। इन 'कुछ लोगों' में एक खास तरह की मानवीयता होती है, यद्यपि वह सामने तभी आती है, उनके व्यवहार में तभी सक्रिय होती है जब कहीं गहरा संकट नजर आये। वरना वे अपने काम में लगे रहते हैं।

सन् सत्तर तक आते-आते हिन्दी रचनाशीलता का अत्यन्त सार्थक और तीखा दौर शुरू हो चुका था, और इस दौर को पहचान मिल रही थी अपने वक्त की छोटी पत्रिकाओं से। इस दौर की कविताओं, कहानियों, टिप्पणियों-समीक्षाओं में कुछ ऐसा था जो स्थापित पत्रिकाओं और संस्थानों को रास नहीं आता था। एक तरफ लोकप्रिय स्थापित पत्रिकाएँ निरन्तर सत्ता-समर्थक लोगों की गिरफ्त में आ रही थीं और दूसरी तरफ जागरूक ईमानदार लेखक अपनी अभिव्यक्ति के लिए छोटे मगर स्वतन्त्र विकल्प ढूँढ़ने लगे थे। शायद अनजाने में ही, लेकिन अनिवार्यतः कुमारेन्द्र इस विकल्प का प्रतीक बने। उनकी संघर्षशीलता, उनका तेवर, उनका स्टैण्ड ऐसी ही चीजें थीं।

सन् सत्तर से लेकर बानवे-तिरानवे तक की हर छोटी पत्रिका में कुमारेन्द्र की कविता छपी। यही नहीं, एक बिन्दु पर उन्हें महसूस हुआ कि छोटी पत्रिकाओं में छपना ही काफी नहीं, बड़ी पत्रिकाओं में न छपना भी जरूरी है। कुमारेन्द्र द्वारा किए जाने वाले बड़ी पत्रिकाओं के विरोध का तर्क यही था कि व्यावसायिकता रचना को पहले की निस्बत अधिक हानि पहुँचाने लगी है और इससे बचने का एक उपाय केवल छोटी पत्रिकाओं में प्रकाशित होना है, वहीं एक हद तक लेखकीय अस्मिता की रक्षा हो सकती है। कुमारेन्द्र के पास इस विषय को लेकर एक पूरा तर्क था। यह तर्क छोटी पत्रिकाओं के अस्तित्व को परिभाषित करता था।

अभिव्यक्ति के विकल्प का सम्बन्ध परिप्रेक्ष्य से है। सार्थक मानवीय परिप्रेक्ष्य के केन्द्र में होता है हर अन्यायपरक वस्तु का तर्कपूर्ण विरोध। 'मानवीय' को समकालीन चिन्तन में खूब इस्तेमाल किया जाता है। पचास, साठ और सत्तर के दशकों में शीतयुद्ध के समर्थकों ने 'मानवीय' और 'सामाजिक' को एक-दूसरे से पूरी तरह अलग किया, उन्हें तर्क से भी पूरी तरह मुक्त किया और कहा कि जो मानवीय है वह सामाजिकता से बहुत आगे, उससे बहुत व्यापक, श्रेष्ठ और न जाने क्या-क्या है। दूसरी तरफ इन लोगों ने अपने व्यवहार में बेहद सतही और ऊपरी मूल्य व्यवस्था को अपनाते हुए 'सफलता' के नये स्तर अर्जित किये। कहें कि यह सिलसिला आज भी जारी है। इसके विपरीत, कुमारेन्द्र की नजर में सामाजिकता इतनी सामान्य और तात्कालिक रही कि कविता के भीतर वह अनेक बार एक वक्तव्य, एक स्टेटमेण्ट बनकर उभरी। वही उनकी कविता की मानवीयता भी बनी—कोई वायवीय, कालातीत चीज नहीं, बल्कि अपने वक्त की वास्तविकता पर एक संवेदनशील व्यक्ति की टिप्पणी।

लेकिन यह भी है कि कुमारेन्द्र की कविता में उभरने वाले वक्तव्य कई बार कमजोर नजर आते हैं। वे अभिव्यक्ति की तीव्रता को कम करते हैं और कविता

के रूप की भी हानि करते प्रतीत होते हैं। फिर क्यों आग्रह है कवि का कि मैं रचना के भीतर इसी तरह अपनी बात कहूँगा?

कुमारेन्द्र ने अपनी रचना के प्रारम्भिक दौर में ही सामान्यता का वह मुहावरा गढ़ना शुरू किया जो सन् सत्तर के आते-आते उनके सृजन की पहचान बन गया। कुमारेन्द्र का विश्वास था कि कविता को जिन्दगी की साँस की तरह निरन्तर बिना किसी सचेत प्रयत्न के चलते रहना चाहिए। उनकी कविताएँ कहीं से भी शुरू होकर कहीं खत्म हो जाती हैं, कहीं भी उनमें तारतम्य टूट सकता है, ताकि निरायास वह कहीं और, किसी और बड़े-छोटे बिन्दु से जुड़कर एक जुदा अर्थ ग्रहण कर सके।

दूसरी तरफ, हम देखते हैं कि मुक्तिबोध के यहाँ छन्द भले न हो, लेकिन छन्दमयता वहाँ जरूर है। अनेक बार मुक्तिबोध कविताओं के बीच, उनके किसी बिन्दु पर गीत के निकट पहुँच जाते हैं। वहाँ अचानक एक प्रवाह बनने लगता है, एक घुमाव दिखने लगता है, एक पुनरावृत्ति और लय और कोमलता या फिर गर्जन-तर्जन वाली सख्ती और क्रमबद्धता महसूस होने लगती है। चालीस के दशक से पहले बहुत मुश्किल से निराला ने छन्द को चुनौती देने का काम किया था और अगले दशक में मुक्तिबोध सहित कुछ कवियों ने इस चुनौती को परम्परा बनाने की कोशिश की थी। इसके लिए संस्कृति, समाज, राजनीति की कुछ विवशताएँ एवं जरूरतें रही ही होंगी।

लेकिन कुमारेन्द्र के जैसी 'छन्दविहीनता' पचास या साठ के दशक में शायद ही कहीं मिले। वे जिद करके 'प्रोज' के, गद्य के कवि बने। इसका उनके कविरूप से तो सम्बन्ध था ही, व्यक्तिगत तेवर और मन्तव्य से भी था। काव्य-परम्परा और व्यक्ति के टकराव की इस अर्थवत्ता को अभी परिभाषित होना है।

हम कुमारेन्द्र की 'सीरीज' कविताओं के साक्षी रहे हैं जिनमें एक मनःस्थिति को जीते हुए कवि ने अपने कवितार्थ को सीधे-सादे ढंग से प्रस्तुत किया है। पहले कुमारेन्द्र किसी राजनीतिक या सामाजिक स्थिति को महत्त्व की दृष्टि से आँकते थे और फिर उसके बारे में अपना सामान्य रवैया तय करते थे। यह प्रक्रिया उनके सन्दर्भ में हर बार नये ढंग से होती थी, इसलिए यह अनुमान करना कठिन होता था कि कविता में वे क्या प्रतिक्रिया व्यक्त करेंगे। लेकिन एक बात तय थी कि बड़े मसले पर लिखते वक्त वे अपनी 'आलोचना' और प्रश्नशीलता को सक्रिय रखते थे। मसलन, 1973-74 के दौर में जब जयप्रकाश आन्दोलन ने जोर पकड़ा तो कुमारेन्द्र की काव्य-टिप्पणी में सामान्य उत्सुकता और किंचित् उत्साह के बावजूद उस आन्दोलन के लिए अतिशय समर्थन नजर नहीं आया। इसके विपरीत जयप्रकाश के सन्दर्भ को उन्होंने कुछ जरूरी सवाल उठाने के लिए इस्तेमाल किया। पंजाब के आतंकवादी माहौल पर लिखते-सोचते समय उन्होंने आम आदमी की पीड़ा को बाकी सब चीजों से अधिक महत्त्व दिया, उसी को दिमाग में रखकर अपनी कविता की राजनीति तय की।

फिर, वे मूड के भी कवि थे। एक बार कुमारेन्द्र को उन सब बर्तनों तथा औजारों पर कविता लिखने की सूझी जिनका रिश्ता मजदूरों की जीवनचर्या से होता है। मसलन, तसला, करनी, तवा। इसी तरह 'इतिहास का संवाद' में संकलित कविताओं के कुछ शीर्षक हैं : 'भंगी कोलनी,' 'डगर,' 'गोबरधन', 'जोकर', 'गाँव'।

यह मात्र संयोग नहीं है कि कुमारेन्द्र का सरोकार पूरी उम्र आजाद हिन्दुस्तान के जीवन में पनपते-बढ़ते मामूली स्थानों या व्यक्तियों से रहा। उनका विश्वास था कि बाकी देशों की भाँति इस महादेश के आधार निर्माण में, हिन्दुस्तान की सम्पदा के उत्पादन में वास्तविक योगदान सामान्य कामगार जनता का रहा है। वे सोचते थे कि सामाजिक श्रम का लाभ यदि जनता को न मिले तो इसे संवेदनशील लेखकों तथा विचारकों के लिए चिन्ता का विषय होना चाहिए। उनकी राय थी कि अर्थवान लेखन की पूर्वशर्त रचनाकारों की यही चिन्ता बनेगी। इसी रवैये ने उन्हें जिन्दगी के सामान्य पक्षों के करीब खड़ा किया। ऊपरी तबके की आडम्बरपूर्ण जिन्दगी को दो तरह की रचना का विरोध और नकार झेलना पड़ा। समृद्ध, सुविकसित, भड़कीले, देश-काल से परे और दूर विद्यमान सनातन प्रभावकारी जीवन-पक्षों पर नफासतपसन्द और रहस्यमयी रचना का कब्जा बना रहा। इस रचना ने समय के बाहर की परिधि पर ध्यान केन्द्रित करना आवश्यक समझा। आज भी 'महत्त्व' की तलाश में व्यस्त अनेकानेक रचनाकार और आलोचक इस बात से परेशान नजर आते हैं कि कविता, बल्कि साहित्य के सन्दर्भ में सामान्य श्रमिक जनता की बात क्यों उठाई जाती है, क्यों नहीं कलाकार के आन्तरिक मन की खोज के अधीन बारीकी और कारीगरी पर जोर दिया जाता तथा अनेक सूक्ष्म क्षणों का साक्षात्कार किया जाता ताकि प्रतिभावान व्यक्तियों को अपनी अद्वितीयता दिखलाने का अवसर मिले? सृजन में जुटे सामान्य लेखकों के व्यवहार से यही प्रकट होता है कि साहित्य लेखन आम तौर पर तकनीक का विषय है, इतिहासबद्ध शोषित मानवता में अटूट विश्वास का नहीं। दूसरी तरह का विरोध प्रतिबद्ध कविता से आया जिसके अन्तर्गत ऊपरी तबके की विचारधारा और जीवन दृष्टि को मनुष्य-विरोधी कहा गया। प्रतिबद्ध कविता पूँजी-केन्द्रित व्यवहार की अतार्किकता को उजागर करने में यकीन रखती थी और चाहती थी कि उसके स्थान पर मनुष्य-केन्द्रित न्यायपूर्ण व्यवस्था का भाव हो। यह परिप्रेक्ष्य प्रतिबद्ध रचना में निरन्तर रेखांकित होता था। कुमारेन्द्र की काव्यगत आलोचना में स्पष्ट रूप से ऐसी दूसरे किस्म की रचनाशीलता की तरफ भी संकेत मिलता था जो सामान्यता में गहरे मानवीय मूल्य खोजने और उन्हें प्रतिष्ठित करने की कायल थी।

कुछ आलोचकों-पाठकों की राय में कुमारेन्द्र न केवल अपनी कृतियों के अच्छे आलोचक और पारखी नहीं थे, बल्कि उनमें सौन्दर्यधर्मी अनुशासन की कमी थी। इस आलोचना पर सोचते वक्त कुमारेन्द्र की कविता को उसके ऐतिहासिक प्रसंग से अलग नहीं किया जा सकता। चालीस-पचास के दशकों में हमारे लेखक अचानक

जीवन-स्थितियों से मुँह मोड़ कर साहित्यिकता की ओर झुके थे। तब यह कहा जा रहा था कि वास्तविकता अपनी जगह ठीक है, उसे लेकर किसे एतराज हो सकता है, लेकिन असली चीज वह है जो साहित्य को, रचना-कृति को पत्रकारिता, दर्शन, सामाजिक विश्लेषण, ऐतिहासिक विवेचन आदि से अलग करती है। उन दिनों साहित्य की साहित्यिकता पर जोर देने का ही नतीजा रहा होगा कि आजादी के शुरुआती दौर में 'नये' की और उसके साथ-साथ रचना द्वारा इतिहास के यथार्थ से मुक्त होने की इतनी जरूरत महसूस की गयी।

असल में चीजें इतनी गड्ड-मड्ड हैं कि उन्हें तरतीब से अलग करके पहचानना मुश्किल है। 'नया' फिर भी ठीक था, उसमें अतीत की प्रवृत्तियों को अपने ढंग से समाहित करने की बात शामिल थी। मगर, पत्रकारिता और दर्शन और विवेचन-विश्लेषण को साहित्य से निकाल दें, अलग कर दें तो उसमें क्या बच रहेगा? इन चीजों में सामयिकता है और वास्तविक सन्दर्भ को लेकर कुछ कहने-करने का जोखम है। रचना को समर्थन-प्रशंसा की इतनी आवश्यकता नहीं होती जितनी सामाजिक भूमिका के निर्वाह की होती है, वही उसे तात्कालिकता से जोड़ती हुई इतिहास की प्रक्रिया में डालती है। साथ ही यह भी सोचें कि 'नया फिर भी ठीक था' जैसी स्थापनाओं का क्या अर्थ है? क्या इस मुहावरे का इस्तेमाल वास्तविकता से बचने के लिए, उसे विचार का विषय न बनाने के लिए नहीं किया जा रहा था? विशेष रूप से पचास के दशक की आलोचना टिप्पणियों-समीक्षाओं को देखें तो पाएँगे कि यहाँ वास्तनिकता पर, सामाजिक-सांस्कृतिक सन्दर्भों पर बहुत कम फोकस है। क्या इसकी परीक्षा की गयी कि आजादी के बाद का विकास और निर्माण-युग असल में किस तरह का था और उसका अपने वक्त की रचना से क्या रिश्ता था? वहाँ रचना के भीतरी तत्त्वों पर, उनके अंतःसम्बन्धों पर ध्यान दिया जा रहा था। क्या ये तत्त्व और अन्तःसम्बन्ध अपने सीमित संसार में देखे-परखे जाकर रचना की ऐतिहासिकता को पुष्ट कर सकते थे? क्या पचास के दशक की आलोचना के लिए साहित्य में चलाये जा रहे शीतयुद्धीय तर्कों और आग्रहों से दो-चार होना गलत होता? कुमारेन्द्र ने यदि कच्चे माल का, पत्रकारिता और दैनन्दिन टिप्पणी का रास्ता चुना तो उसकी मौजूदगी को स्वीकारना, लेकिन साथ ही उसके मूल को तत्कालीन आग्रह-संसार के बीच पहचानना उपयोगी हो सकता है।

कुमारेन्द्र की कविता में विद्यमान जिस वस्तु की तरफ अधिकतर आलोचकों का ध्यान नहीं गया है वह है अतिशय तीखी, लगभग चमत्कार की तरह काम करने वाली अभिव्यक्ति। 'चवरी' शीर्षक कविता में कुमारेन्द्र साधारण दिखने वाली बातचीत के दौरान अचानक पूछ बैठते हैं : 'आखिर कहाँ है चवरी?/जलियाँ वाला बाग से कितनी दूर/वियतनाम के कितना करीब?' चवरी बिहार के अंचल में एक छोटा-सा गाँव है जहाँ सत्तर के दशक के शुरुआती वर्षों में भूमिहीनों पर जमींदारों का घातक

हमला हुआ, जहाँ हरिजन-टोली के नौजवानों को जिन्दा जलाया गया। यह एक 'अखबारी तथ्य' है जिससे कुमारेन्द्र कवि के रूप में मुखातिब होते हैं। यहाँ उनका दृष्टिकोण भी पर्याप्त स्पष्ट है, यानी कुमारेन्द्र के दृष्टिकोण में वस्तुस्थिति को पढ़ने-समझने के दौरान पैदा होने वाली अकादमिक उलझन, उस जगह की सामाजिक संरचना को पकड़ने की कोशिश में उभरने वाला वैचारिक द्वैतवाद नहीं है। कुमारेन्द्र का अनोखा मानवतावाद इन सवालों से बड़ी आसानी के साथ निपटकर रचना में शरीक होने से पहले ही सामाजिक स्टैण्ड से सम्बन्धित दो टूक निर्णय ले चुका होता है। इस कविता में कुमारेन्द्र अनायास ही चवरी को गाँव के रूप में पहचानते हुए उसका सम्बन्ध वियतनाम से जोड़ने लगते हैं (वियतनाम में शहर के नाम पर खास नहीं है, जो कुछ हैं गाँव ही हैं) जहाँ के सामान्य किसानों ने एकजुट होकर बेहद 'विकसित' और शातिर अमरीकी साम्राज्यवाद का मुकाबला किया। 'चवरी' में कवि यह भी पूछता है कि 'जो सड़क चवरी से निकलकर दिल्ली जाती है उसका दिल्ली से क्या वास्ता है?' यहाँ यह सवाल भी निहित है, जिसकी विडम्बना अद्भुत है, कि क्या कोई सड़क चवरी से निकलकर दिल्ली जाती है? न कहकर भी कुमारेन्द्र दिल्ली के नाम, उसकी प्रकृति से जुड़ी चकाचौंध को कहीं साम्राज्यवादी प्रवृत्ति के, उसके भीतरी खोखलेपन और अमानुषिक चरित्र के निकट पाते हैं।

यहाँ परिप्रेक्ष्य का व्यापक सवाल उठता है। दिल्ली के सांस्कृतिक प्रतीक में भारत के वंचित जनसमूह के लिए, उसकी आशा-आकांक्षाओं की पूर्ति के लिए कितना स्कोप है? वास्तविकता पर बहस को गैरजरूरी मानना और रचना की साहित्यिकता के बचाव में खड़े होना हमें अचानक इस तरह की अभिव्यक्ति तथा उसकी पृष्ठभूमि में विद्यमान परिप्रेक्ष्य से काट देता है। परिणामस्वरूप काव्यात्मकता हमारे लिए सांस्कृतिक बौनेपन का पर्याय बन जाती है। पूछा जा सकता है कि 1973 के आसपास कितनी 'मानवीय' कविताओं में यह अहसास प्रतिबिम्बित हुआ : 'आज सारा हिन्दुस्तान चवरी है जिसके हिस्से से रोशनी गायब है'? लगता है कि हमारे सामान्य कवि को मानवता की बारीक तथा अमूर्त बातों की अभिव्यक्ति से अन्य कुछ भी सोचने या करने की फुरसत नहीं है। सामान्य बूर्ज्वा कवि कलात्मकता से भी इतना आक्रान्त रहता है कि भाषा-विन्यास तथा बिम्ब-विधान पर तकनीक की नजर से सोचता है और यह समझने की गवाही नहीं देता कि ये चीजें रचनाकार की व्यापक विश्व-दृष्टि का हिस्सा होती हैं। असल में सांस्कृतिक तथा सामाजिक तकाजे ऐसे रहे हैं कि कविता सरोकार तथा चिन्तन की वस्तु न होकर कुशलता की, व्यक्तिगत रूप से निजी श्रम के बल पर (जो कितना निजी है और कितना परिवेश से आ रहा है कौन जाने) अर्जित करने की वस्तु रही है।

कुमारेन्द्र ने चालीस के दशक में अपनी रचना-यात्रा शुरू की। **इतिहास का संवाद** की भूमिका में उन्होंने संक्षेप में कुछ विशेष कारकों की तरफ संकेत किया।

ये कारक एक युवक मानसिकता की सोद्देश्यता तथा प्रासंगिकता की पृष्ठभूमि में विद्यमान थे। ओर सहित अनेक पत्रिकाओं में उनकी अपनी टिप्पणियों तथा उनके बारे में अन्य लोगों द्वारा लिखे संस्मरणात्मक लेखों को पढ़कर पता चलता है कि प्रारम्भिक दौर में, यानी चालीस के दशक में उनके लिए रचनात्मक या सांस्कृतिक निर्णय लेना अधिक कठिन नहीं रहा। आज वह चीज बहुत पीछे की नजर आती है। लेकिन उस समय कोई भी युवक एक जीवन्त वातावरण में, विशेष रूप से आजादी के आन्दोलन के दौरान, सामान्य सीमित हितों के तर्क को भूल कर कुछ वैसा ही करता जैसा कुमारेन्द्र ने किया। विद्रोह और अस्वीकार उस वक्त की हवा में मौजूद ऐसी चीजें थीं जिनसे किसी संवेदनशील तथा ईमानदार युवक के लिए बच पाना मुश्किल था।

इसके विपरीत पचास तथा बाद के दशकों में स्थिति बिलकुल दूसरे प्रकार की थी। बदलते हिन्दुस्तान के समाज का असर कुमारेन्द्र की कविता पर भी पड़ना अनिवार्य था। एक तरफ जोड़-तोड़ का तर्क पूरी ताकत से उभर रहा था, और दूसरी तरफ परिवेश की नकारात्मक प्रकृति को लेकर हमारा शिक्षित वर्ग केवल सन्देह कर सकता था। उससे आगे जाने में अनेक मुश्किलें थीं। वैचारिक तथा राजनीतिक परिप्रेक्ष्य सम्बन्धी मसलों के बारे में, जो निश्चय ही नये तथा मूर्त मसले थे, और जिनके प्रति विशेष रवैया अख्तियार करना पूरे मूलगामी आन्दोलन के लिए भी कठिन था, कुमारेन्द्र जैसे रचनाकारों की पीढ़ी क्या सोचती?

सन् पचास में कुमारेन्द्र बाईस वर्ष के थे। एक तरफ संस्कृति के पटल पर गलत-सही का नया घालमेल शुरू हो गया था, और दूसरी तरफ युवा पीढ़ी अपने आदर्शवादी रुझान को बचा पाने, अपने सपनों के मुताबिक व्यवहार करने में कठिनाई महसूस कर रही थी। उस अन्तर को हम अवश्य दिमाग में रखें जो पचास के दशक की युवा पीढ़ी और आज की युवा पीढ़ी के बीच नजर आता है। पचास की युवा पीढ़ी जो सुनती थी, उस पर विश्वास करती थी। कहती भी वही थी जो महसूस करती थी। इसके साथ ही, उसके सुनने तथा कहने के, यानी बातचीत के विषय राष्ट्रीय एवं सामाजिक हुआ करते थे। वह आज की पीढ़ी की भाँति नकली, उपभोक्तावादी सरोकारों-विषयों में नहीं उलझी थी। आदर्शों तथा सपनों से सम्बन्धित जिस व्यवहार की बात हम कर रहे हैं वह पचास की युवा पीढ़ी के लिए एक गम्भीर प्रश्न था। सपने उसकी मानसिक सच्चाई का हिस्सा थे। सपनों का रिश्ता हर तरह के विचार के साथ होता है। उक्त पीढ़ी अपने परिवेश में व्याप्त या सक्रिय हर विचार से जुड़ी थी, उससे दो-चार होने में यकीन रखती थी। मसलन, यदि आधुनिकतावादी सोच को लोकप्रिय बनाने के प्रयत्न शुरू हुए तो उक्त पीढ़ी ने उसके प्रति जिज्ञासु भाव दिखलाया। यह भी हो रहा था कि विचारों की टकराहट को कमजोर करने की कोशिशें चलने लगी थीं। परिणाम स्पष्ट था कि आधुनिकतावादी सोच को एक

ऐसा खुला मैदान मिल रहा था जिसमें प्रगतिशील, तर्काश्रित विचारों को अन्ध विरोध या अस्वीकार का लक्ष्य बनाया जा रहा था तथा किसी भी अन्य अमूर्त मानवीय या फिर अमानवीय वैकल्पिक विचार को गम्भीर स्वीकार के नजरिए से देखने की प्रवृत्ति बढ़ रही थी। संक्रमण, संक्रान्ति और न जाने किन-किन नामों से नये यथार्थ को समझने-परिभाषित करने की होड़ देखी जा सकती थी। जो नये विषय साहित्य में आ रहे थे उनकी अच्छी झलक मुक्तिबोध के विश्लेषणात्मक निबन्धों में मिलती है। लेकिन बहुत कम लोग थे जो स्थिति की संश्लिष्टता से परिचित थे। इस हालत में, उक्त पीढ़ी के बड़े हिस्से को नये आधुनिकतावादी प्रचार की गिरफ्त में आना ही था, बहुत यत्न के बावजूद वह कहाँ तक उस आक्रमण, उस 'आनस्लाट' से बचती? कुमारेन्द्र की कविता इस आक्रमण से पैदा होने वाले वास्तविक दबावों का अच्छा साक्ष्य प्रदान करती है।

रचना से सम्बन्धित कुमारेन्द्र की समझ अकादमिक कवियों, 'पूरी तैयारी' से लिखने वाले कवियों की समझ से अलग थी। कुमारेन्द्र सौन्दर्य चेतना के कायल थे तथा ऐन्द्रिकता के सम्प्रेषण और विचार के कलागत अनुशासन को महत्त्व देते थे। लेकिन ये चीजें उनकी कविता को बाँधती नहीं थीं। इसका कारण यह था कि वे सबसे अधिक पसन्द उस जीवन-प्रवाह को करते थे जो एक संवेदना-भूमि के भीतर रजिस्टर या दर्ज होता है। उनका विश्वास था कि कवि हर वक्त कविता लिखता है, तब भी जब वह कागज-कलम लेकर न बैठा हो। वे कहते थे कि साँस लेना और कविता लिखना कवि के लिए एक तरह की, समान महत्त्व की वस्तुएँ होती हैं। इसीलिए उनका लिखने का कोई वक्त तय नहीं था, वे हर वक्त, बैठे-लेटे-यात्रा करते, किसी का इन्तजार करते, गोष्ठी कक्ष में चलने वाले भाषण से मन हटा कर कविता का क्रम शुरू कर सकते थे, और रोज, बल्कि दिन में कई बार कविता लिखते थे। इसी तरह कुमारेन्द्र ने किसी विषय को कविता की पहुँच से, कविता के स्कोप से बाहर नहीं माना। सुन्दर तथा कवितात्मक की उनकी परिभाषा सामान्य अकादमिक परिभाषा से भिन्न थी। उनकी राय में सुन्दर का गहरा रिश्ता सामान्य सरल लोगों की जिन्दगी से था। त्रस्त, शोषित, अशिक्षित और भोले लोग उनका ध्यान अनायास ही खींचते थे। समकालीन बूर्ज्वा कविता का एक बहुत बड़ा हिस्सा शहरी तामझाम, वाचालता और 'संश्लिष्टता' के आकर्षण का शिकार है। कुमारेन्द्र की कविता को इन चीजों से कुछ लेनादेना नहीं था। और सरलता तथा सामान्यता से उनका लगाव एक बहुत बड़े अनुशासन की वजह से पैदा हुआ था। यह अनुशासन था विचारधारा का।

विचारधारा को हम बहुत स्थूल अर्थ में लेते हैं। इसके सम्बन्ध में हमारे पूर्वाग्रह भी अजब किस्म के हैं। हम समझते हैं कि विचारधारा का अर्थ है ऐसा राजनीतिक वक्तव्य जो रचना को कुन्द करता है, रचना का शत्रु है। इस शब्द को सुनते ही

हमें ऐसे एक राजनेता की शक्ल दिखाई देने लगती है जो अनावश्यक, अनर्गल बातों से लोगों का वक्त बरबाद कर रहा है। शायद इस पूर्वाग्रह का मूल बूर्ज्वा नेताओं के, विशेषकर कांग्रेस नेताओं के वे भाषण हैं जो हम चालीस के दशक से सुनते आये हैं। चालीस के दशक में हमारे देश की सत्ता का मसला (मसलन उसे कौन सँभालेगा) अकस्मात महत्त्वपूर्ण हो उठा था। सामाजिक प्रभाव और राजनीतिक स्वीकार्यता तब इतने आवश्यक हो गये थे कि सही-गलत नेताओं की एक पूरी जमात जनता को सम्बोधित करने के लिए सामने आ खड़ी हुई थी। वह सिलसिला न केवल बाद में चलता रहा है, बल्कि उत्तरोत्तर खराब होता गया है।

हमारे दौर की हिन्दी कविता में जिस चीज पर बल दिया जाना है वह है यथास्थिति के सामने इस तरह प्रश्नचिह्न लगाना कि उसमें, उसके भीतर समाधान या उत्तर की कोई गुंजाइश नजर न आये। कुमारेन्द्र की कविता से हमें यह सीखने को मिला है। उनका वैचारिक-बौद्धिक जीवन जिस व्यवहार परम्परा से शक्ति ग्रहण करता था वह स्कूल मास्टरी, कॉलेज की जरा ऊँचे किस्म की अध्यापन-क्रिया, समुचित साधनों के अभाव में बिताई गई एक साफ जिन्दगी जिसमें कुछ वक्त बेकारी और अनिश्चितता में भी गुजरा, जैसे तत्त्वों से बनी थी। उपलब्ध जीवन शैली के गणित को अपना कर कुमारेन्द्र कहीं से कहीं पहुँच सकते थे। ज्यादातर लेखक गलत और कम गलत के बीच ऐसा सुन्दर तालमेल बिठाते हैं कि देखते बनता है। पदोन्नति, यात्राएँ, पुरस्कार और लेखन एक साथ चला करते हैं। जीवन में कोशिश तथा समुचित योजना के बल पर पैदा की गयी प्रणाली लेखन में साफ नजर आ जाती है। विशेषकर कविता में यह छुपाव बहुत मुश्किल है। जहाँ व्यापक मानवता की बात होती नजर आये, स्थितियों के बारे में मुश्किल सवालों से बचने की प्रवृत्ति दिखलाई पड़े या बिम्बों, चित्रों आदि का घटाटोप विद्यमान हो तो समझना चाहिए कि कविता अपने वास्तविक सामाजिक कर्म से स्खलित हो रही है। समकालीन कविता के 'सफल' स्वरों को इस दृष्टि से परखना जरूरी है। साथ ही, इस 'सफल' कविता को समर्थन प्रदान करने वाले सौन्दर्य शास्त्र को भी पहचाना होगा जो शैलीगत सवालों को अतिरिक्त अहमियत देता है। इस सन्दर्भ में बूर्ज्वा कविता के समर्थक निश्चय ही अपना होमवर्क कर चुके हैं और अज्ञेय को पूरी तरह आत्मसात करके अपनी भूमिका में सक्रिय हैं। लेकिन सवाल उस दृष्टि का है जो एक साथ जीवन को भी प्रभावित करती है और कविता को भी। व्यावसायिक-अर्धव्यावसायिक पत्रिकाओं में छपने वाली काव्य रचना सरोकारों में कितनी खोखली है यह कहने की आवश्यकता नहीं।

कुमारेन्द्र की एक महत्त्वपूर्ण कविता 'पत्थरों का गीत' में बार-बार आने वाला एक पात्र है नीमा। यदि यह पात्र कहानी में होता तो उसका चरित्र कुछ वायवीय नजर आता, एक भावप्रवण कहानी का कोमल पात्र। उसके आसपास कुछ स्थितियों को कल्पित किया जाता जिनके बीच रहती हुई नीमा दूसरे व्यक्तियों के साथ सामाजिक

रिश्ता कायम करती। सम्भावना के स्तर पर इस कविता में भी वे स्थितियाँ और व्यक्ति मौजूद हैं। लेकिन यहाँ ऐसा बहुत कुछ है जो विवरणों से अलग और मुक्त होकर बड़े तत्त्वों से मिलता है और कविता के अर्थ को अनोखे ढंग से पुष्ट करता है। मसलन नीमा को ही पत्थरों का गीत भी समझा जा सकता है जो कहानी के कलेवर में हास्यास्पद लगता, वैसे ही जैसे नीमा के चरित्र की छायावादी शेड्स कविता में खासी व्यर्थ प्रतीत होती। गाँव की पृष्ठभूमि में सक्रिय नीमा एक अबोध, सख्त, निश्छल, लगभग जिजीविषा की प्रकृति को उभारने वाली युवती है। पाठक के लिए इस जिजीविषा को महसूस करना अपने आप में एक अनुभव हो सकता है।

कहानी विधा की बात फिर से करें तो नीमा को अधिक ठोस शरीरी स्तर पर प्रस्तुत करने से जो तस्वीर बनेगी वह व्यावसायिक फिल्मों में शहरी संस्कृति को मुँह बिचकाती गाँव में पली-बढ़ी हीरोइन के बहुत करीब चली जाएगी। विधा का तर्क उसे सरल बना देगा, कविता में दिखने वाली नीमा की गरिमा और व्यापकता को कहानी का प्रस्तुतीकरण कम कर देगा। लेकिन कविता में कुमारेन्द्र उसे इतने बड़े, आधे-अधूरे ब्रश-स्ट्रोक्स के बल पर खड़ा करते हैं कि वह अनायास जन-गीत, जन-भावना और उससे आगे गतिशील मानव-चेतना का प्रतीक बन जाती है। कला के स्तर पर जिस तरह नीमा का निर्वाह 'पत्थरों का गीत' में मिलता है वह समकालीन हिन्दी कविता में कम ही नजर आएगा। कारण, कि ज्यादातर कविताएँ उस विश्वास से प्रेरित नहीं जान पड़तीं जो एक कवि-दृष्टि को विवरणों या भावनाओं की सामान्यता से उठाकर व्यापक संस्कृति-सूत्रों से जोड़ता है। कारीगरी, शब्द-क्रीड़ा, आत्म-विभ्रम, ओढ़ी हुई रहस्यमयता, आदि एक तरह की चीजें हैं और गम्भीर मूल्यवत्ता की पहचान जो कविधर्म की ईमानदारी पर टिकी होती है, बिलकुल दूसरे किस्म की चीज होती है।

'पत्थरों का गीत' पर विचार करने से हमारा ध्यान उन दूसरी कविताओं की तरफ भी जाता है जिनमें अनेक नारी पात्र हैं। इन पात्रों के विशेष स्वर हैं जिनमें उनकी मानसिक संरचना की झलक मिलती है। कुमारेन्द्र को जब भी रचना में भावप्रवणता, ईमानदारी और सामाजिक अथवा पारिवारिक व्यवहार की स्वाभाविकता-स्वच्छता पर बल देने की जरूरत पड़ती है, वे अनायास किसी नारी की कल्पना करते हैं, उसे आयु, नाम और सोच प्रदान करते हैं, और एक ठोस सांस्कृतिक भूमिका से लैस करते हैं। ठोस सांस्कृतिक भूमिका का सम्बन्ध जितना कविता-गत स्थिति की अनिवार्यता और मानवीय गुण को रेखांकित करने के इरादे से होता है उतना ही इस बात से भी होता है कि ये नारी पात्र प्रायः निम्न या अधिक-से-अधिक निम्न मध्य वर्ग से आते हैं। तब इस बात से कोई फर्क नहीं पड़ता कि वे शिक्षित हैं या नहीं, उन्हें वार्तालाप की कला, 'सही' व्यवहार, 'समुचित' दृष्टिकोण, आदि

का ज्ञान है या नहीं। कुमारेन्द्र की कविता में प्यार अथवा स्नेह का आक्रामक फिल्मी प्रदर्शन न होकर पूरी रचना में व्याप्त तथा उसे प्रचालित करता हुआ मानवीय भाव-संचार मिलता है। ऊपर से बेहद परम्परागत और सामान्य लगने वाला पारस्परिक लगाव वहाँ पूरी शिद्दत और विश्वास के साथ मौजूद है, और कहीं हमें रचना में खोट, बनावट या फालतूपन का अहसास नहीं होता।

मसलन माँ-बेटे या पति-पत्नी का सम्बन्ध है ! या एक सहकर्मी-साथी का दूसरे साथी से शब्दों में अनभिव्यक्त, मात्र रूखे और सीधे हाव-भाव से सामने आने वाला मौन संवाद है। दोनों ही तरह के सम्बन्धों में 'काम-से-काम' का लहजा है और व्यक्ति को निरन्तर ताकत देने वाला विश्वसनीय सहारा है। चूँकि इसके पीछे एक गहरी जन-समर्थक सोच काम कर रही है, इसलिए भावना मासूमियत से हट कर व्यापक दृष्टि का रूप अख्तियार कर लेती है। यदि हमें तब मासूमियत का सन्देह होता भी है तो शीघ्र ही यह भी पता चल जाता है कि इस सन्देह की पृष्ठभूमि में हमारी अपनी मध्यवर्गीय अनिश्चितता और सामाजिक असुरक्षा काम कर रही है जिसके चलते प्रत्येक सकारात्मक चीज नकली नजर आती है। हुआ भी यही है। एक ऐसा वातावरण तैयार कर दिया गया है जिसके अधीन निराशा, सन्देहशीलता और हताशा तथा अनेकानेक जटिल भाव-संरचनाएँ तो प्रामाणिक लगती हैं और सकारात्मक व्यवहार से जुड़ी समाज को आगे ले जाने वाली, उसे न्यायपरकता की दिशा में प्रवृत्त करने वाली सीधी-सच्ची बातें गैरप्रामाणिक, असत्य और इसलिए त्याज्य प्रतीत होती हैं। एक वक्त **टेढ़े मेढ़े रास्ते** उपन्यास को देखकर रांगेय राघव ने **सीधा-सादा रास्ता** उपन्यास लिखने की योजना इसी कुछ का विरोध करने के लिए बनायी थी।

कुमारेन्द्र के सन्दर्भ में गद्यात्मकता की बात करते वक्त हमें यह भी देखने को मिलता है कि अतिसामान्य का खतरा उन्हें एक विशेष तरीका अख्तियार करने को बाध्य करता है। गद्य की साधारणता, उसका विस्तार ऐसी चीजें हैं जो रचना में मुश्किल से सिमट पाती हैं। परिवर्तन, संघर्ष, त्याग, निर्भीकता, एकजुटता जैसे गुण साधारणता के दायरे में आकर भी नहीं आते। ये लोगों के व्यवहार में उभरने वाले ऐसे गुण हैं जिनका कुछ सम्बन्ध ऐतिहासिक स्थिति से भी होता है। सवाल उठता है कि आजादी के बाद के काल में जब निर्माण के दौर के अधीन इतनी आपाधापी मची और नायकत्व का अस्वीकार और संकुचित, आत्मकेन्द्रित कर्म का आकर्षण पूरे मध्यवर्ग पर हावी रहा तब निजता के घेरे से निकलकर सामूहिक-सामाजिक चेतना और सक्रियता की प्रेरणा को कैसे आधार मिलता? जहाँ मुक्तिबोध को इस समस्या का समाधान स्वप्नशीलता और तेज-तर्रार वक्तव्य में (कहीं आग लग गयी, कहीं गोली चल गयी) दिखलाई पड़ा वहाँ कुमारेन्द्र को विशेष बिम्ब-योजना के विकास की अनिवार्यता महसूस हुई। सतह पर नजर आने वाली चीजें जीवन के सामान्य गुण को अवश्य स्थापित करती हैं किन्तु उनके माध्यम से परिवर्तन की आवश्यकता

और दिशा का संकेत आसानी से नहीं दिया जा सकता। नयी कविता के दौरान उभरने वाली एक पूरी पीढ़ी शायद इस कारण भी अपने समय के समाज पर सार्थक टिप्पणी करने में असफल रही कि सामान्यता का अनुभव और उस अनुभव को व्यक्त करने की भाषा ने उसे अपने साधारण तर्क में उलझाये रखा।

कुमारेन्द्र ने भी इस समस्या को झेला, उस पर विचार किया और समाधान की शक्ल में जो उनकी कविता में उभरा वह था एक विशिष्ट बिम्ब-विधान। उदाहरण के लिए, कुमारेन्द्र अकस्मात अपनी कविता में सूरज को ले आते हैं। मनुष्य के गद्यात्मक, सरल और मामूली अस्तित्व में सूरज की कितनी गुंजाइश है? कितना हम सूरज को देखते हैं कि 'धरती' के दायरे से मुक्त होकर कुछ अलग करने की सोचें? फिर, सूरज का ताल्लुक गर्मी, तेजी, ऊर्जा, रोशनी, आदि से है। उसके साथ सुबह भी जुड़ गयी है। सुबह यानी एक शुरुआत। सुबह का रंग होता है जो निश्चय ही सूरज से आता है। वह रंग नई, बीसवीं सदी में मुख्यतः प्रतिष्ठित होने वाली परिवर्तन के विचार की परम्परा का भी प्रतीक बन गया है। सुबह का, सूरज का लाल रंग मूलभूत परिवर्तन का रंग है जिससे बूर्ज्वा लेखक खार खाता देखा जाता है। सूरज इस अर्थ में चौंकाता है, सामान्य व्यक्ति को भी और सामाजिक तामझाम में पूरी तरह यकीन करने और नकली जिन्दगी जीने वाले बूर्ज्वा रचनाकार को भी। अर्थात् कितने ही स्तर हैं...अनुभव के विचार के, परम्परा के, एक तरह के सामूहिक भय के कि हमारा कुछ छिन न जाए—जो सूरज के सांस्कृतिक-साहित्यिक इस्तेमाल में उजागर होते हैं। और सामान्यता, गद्यात्मकता के बीच यह सांस्कृतिक झटका इतना आकस्मिक और प्रभावी होता है कि रचना में उतरी पूरी श्वेत-श्याम तस्वीर एक नये रंग, एक नयी रोशनी से उद्भासित हो उठती है। इस अतिरिक्त सार्थकता का जायजा लेना हो तो कुमारेन्द्र की कविता उन तमाम कवियों पर भारी पड़ेगी जो कला, भाषा, तराश, आदि की बात करते नहीं थकते। कुमारेन्द्र के पास इस अतिरिक्त प्रभाव को पैदा करने के लिए हवा है, भूकम्प है, ग्रह-उपग्रह हैं, वेगवान नदियाँ और समुद्र हैं, लावा है, आसमान है, तारे हैं। ये सब वस्तुएँ कुमारेन्द्र की कविता में मनुष्य की परिवर्तनधर्मी जिजीविषा, अन्याय के विरुद्ध आवश्यक संघर्ष, समझौताविहीन राजनीति और सामाजिक व्यवहार के लिए अपेक्षित लम्बी तैयारी से जुड़ी हैं। जो लोग कुमारेन्द्र की कविता पर बात करने से बचते हैं, इनमें अनेक 'बड़े' नाम हैं, वे कहीं-न-कहीं कुमारेन्द्र की प्राथमिकताओं, उनके सार्थक आग्रहों को अपने अस्तित्व मात्र के लिए खतरनाक मानते हैं। सोचते हैं शायद मौन से, बात बदलने से, या मामूली बड़ाई से काम चल जाए।

कुमारेन्द्र की 'गाँव', 'थर', 'चवरी' जैसी चर्चित कविताओं को उनकी 'लाल तराई का गीत' पढ़कर ही सही ढंग से समझा जा सकता है। एक खास तार है उनकी रचनाओं में जो अर्थ, भावना, उद्देश्य, आदि है, जो पाठक के मन को उद्वेलित

करता है, जो पाठक की बँधी-बँधाई वैचारिक लीक पर आक्रमण करता है। कई बार उद्वेलित और परेशान होकर हम न केवल कवि से अपनी उलझनों का समाधान पूछना चाहते हैं, बल्कि अपने से भी मुखातिब होते हैं, यह जानने की कोशिश करते हैं कि उन स्थितियों का न्यायपूर्ण सामाजिक विकल्प क्या है जिनमें हम जकड़े हैं। कुमारेन्द्र अनेक बार समाधानों की तरफ संकेत भी करते हैं, कम-अज-कम वे यह बतलाना चाहते हैं कि अनेक कठिनाइयों तथा विषमताओं के बावजूद जीवन इतनी बुरी चीज नहीं जितना हमारे समकालीन रचनाकारों ने उसे अपनी कृतियों में बना रखा है। कुमारेन्द्र की राय में न केवल यह जीवन अपनी समस्याओं के कारण हमें उद्वेलित और उत्तेजित करता है बल्कि ऐसे सार्थक तत्त्व लिये होता है कि हम कुछ सकारात्मक और प्रेरक सोचने को मजबूर हो जाते हैं। इसी को समझने-समझाने का, पाठक के साथ भागीदारी करने का एक प्रयास था 'लाल तराई का गीत'।

कविता में संघर्ष का क्या रूप हो सकता है, उसके चरित्र की कितनी छायाएँ उभारी जा सकती हैं, कवि संकुचित-सीमित जीवन के समझौतों से मुक्त हो समाज में पैदा होने वाली व्यवहार की सख्ती को, लोगों की जिजीविषा और बदलाव की इच्छा को किस भाँति पकड़ सकता है, उसे आकार दे सकता है, यह कुमारेन्द्र की 'लाल तराई का गीत' कविता को पढ़कर जाना जा सकता है। मैंने पहली बार यह कविता कुमारेन्द्र से जालन्धर की एक गोष्ठी में सुनी थी। इससे पहले वे पत्रों में कभी-कभार इसकी चर्चा करते थे, यद्यपि वैसे ही जैसे अन्य कविताओं की करते थे। जिस गोष्ठी में कुमारेन्द्र ने 'लाल तराई का गीत' पढ़ी उसमें श्रोताओं की संख्या सीमित ही थी, मुश्किल से चालीस-पचास नये-पुराने लेखक रहे होंगे। परम्परागत अर्थ में कुमारेन्द्र का पाठ एक 'कवि' का पाठ नहीं था, वह बिलकुल सामान्य और सहज था, वैसा ही जैसा उनकी बातचीत का लहजा होता था। वे खड़े होकर स्टेज से कविता पढ़ते थे तो सामने की ऊँची मेज को मजबूती से पकड़ते थे और आँखें कविता के पृष्ठ पर स्थिर कर लेते थे। शायद ही कभी उनकी आँखें सामने बैठे श्रोता समुदाय को देखती हों। उस दिन भी यही हुआ। जालन्धर के लेखक-श्रोताओं ने, जिनमें पंजाबी के लोग हिन्दी के लोगों से अधिक थे, पूरी गम्भीरता और एकाग्रता से घण्टे भर तक अन्य कविताओं के साथ 'लाल तराई का गीत' सुनी। पाठ का असर आश्चर्यजनक था। श्रोता तन्मय थे। यह इसलिए कि गद्य की शैली में होते हुए भी 'लाल तराई का गीत' में 'टैलिंग' पंक्तियाँ अनेक हैं, लगभग हर स्टैंजा में दो तीन। फिर, यह कविता एक 'गीत' है और इस अर्थ में कुछ पंक्तियों को बार-बार दुहराती है। उसका असर भी हर बार पहले की निस्बत घना होता है। प्रस्तुत संकलन की अधिकतर कविताएँ 'लाल तराई का गीत' के बाद की हैं। इस संकलन में उस 'गीत' की निरन्तरता स्पष्ट देखी जा सकती है।

कुमारेन्द्र पारसनाथ सिंह की मृत्यु 1994 में ब्रेन ट्यूमर के ऑपरेशन के बाद

अखिल भारतीय आयुर्विज्ञान संस्थान, नयी दिल्ली के वार्ड में हुई। यह संकलन उनकी स्मृति को समर्पित है।

रचनाकार, विचारक और इतिहासविद् भगवान सिंह ने इस संकलन के चयन में मूल्यवान सहयोग दिया है। इसका महत्त्व इसलिए विशेष है कि भगवान सिंह कविता के बहुत अच्छे पारखी हैं। इसके अतिरिक्त उनका कुमारेन्द्र से परिचय और सौहार्द भी बहुत लम्बा रहा—साठ के दशक से जब कुमारेन्द्र कलकत्ता में थे, दिल्ली में कुमारेन्द्र की 1994 में मृत्यु तक। यदि यह संकलन किसी हद तक कुमारेन्द्र की रचनाशीलता का प्रतिनिधि बनता है, उसकी विविधता और मूर्त सांस्कृतिक भूमिका को उजागर करने में सफल होता है तो भगवान सिंह की सार्थक भागीदारी के कारण ही।

आनन्द प्रकाश

अनुक्रम

पत्थरों का गीत	21
घर	33
दिल्ली खतरे में है	39
गुरुद्वारा	41
छोटी-छोटी बातें	42
जंगल की पीठ पर खरगोश	43
दिल्ली डायरी :	45
शान्ति-पथ	45
इक्कीसवाँ द्वार	46
झोंपड़ीपट्टी	48
बारादरी	49
सिरीफोर्ट	49
मोहनसिंह प्लेस कॉफी हाउस	50
बोटक्लब	51
राजपथ	52
नदी यहाँ मर गयी है	53
इफ्तार पार्टी	55
सिद्धार्थ काण्टीनेण्टल	57
मैना फिर सामने खड़ी है	58
अकबर	59
नरम दस्ताने में लोहे का हाथ	61
देश-भक्त	63

फ्लैग मार्च	65
दूरदर्शन	66
हजार चेहरोंवाला भारत	67
गो-पुराण	68
गोली और गुलाब	70
रोटी	72
जख़्म	73
सुनो राजन्!	75
ऊँची हवेली	78
देश-प्रेम	79
तुम हमसे हमारी नदियों का गीत नहीं छीन सकते	81
मुझे उन शिखरों तक पहुँचने दो	82
गाँव खड़े हो रहे हैं	84
वह नदी में नहा रही है	86
आलोचना और आलोचनात्मक चिन्तन	88
स्वप्न-गीत	90
शब्द मेरे साथ खड़े होने लगे हैं	92
बयान	94
जोगिया	95
जम्बूद्वीप	98
मैं कुआँ खोद रहा हूँ	99

पत्थरों का गीत

मैं पत्थरों के बीच से आदमी का सिर
उठते देखता हूँ,
और सामने
धरती तो धरती,
आसमान भी
आग की लपटों से घिरा हुआ रहता है!

डर लगता है
धरती पर कदम रखने में।
धूप में लोटते रहते हैं
उधर बच्चे
और इधर
कलेजे पर साँप लोटने लगता है।

कल इस तरह नहीं होता था,
इस तरह नहीं थी धरती।
धूप थी, हवा थी,
और ख़ुश-बू थी,
निर्झर
कुओं की उमंग की तरह
दौड़ते रहते थे,
नदियाँ प्रेम की तरह उमड़ती थीं,

तानपूरा लेकर खड़ा रहता था पहाड़,
और समन्दर मृदंग की तरह बजता था।

उधर से चाँदनी बन कर तना रहता था आसमान,
नीचे धरती
बेखौफ होकर
अपना आँगन सजाये रहती थी,
सोता नहीं था कभी फसलों का गीत,
और आदमी
मरण का त्योहार भी
जीवन की तरह मनाता था।

सोचता था—
बालक आगे चल कर धोखा नहीं देंगे,
नदियाँ वायदा निभाएँगी, आसमान आग नहीं उगलेगा,
धरती
अपने सीने में
जगह देती रहेगी।

मगर आदमी ने
इन सबसे
अपना रिश्ता अब बदल लिया है,
कहीं आसमान को खुदगर्जी में पड़ कर
छोटा कर लिया है,
कहीं खुद को—
बेखुदी में
कभी ऊपर
तो कभी नीचे होता रहता है।

आदमी से बड़ी होने लगी है
आदमी की छाया,

और दुनिया
जो इतनी बड़ी थी,
खुद अपने ही लिए
अब छोटी पड़ने लगी है।

सितारे
जो अभी कल तक
जगमगाते रहते थे
अब टूट-टूट कर गिरने लगे हैं
उस पर,
ज्वालामुखी जब कभी भी मुँह खोलता है,
लहक उठता है उसका दामन,
और नदियाँ
उसे ठण्डा करने में
खुद ठण्डी पड़ जाती हैं।
पत्थर
पिघल-पिघल कर टूटता रहता है,
सोच में पड़ा-पड़ा
दिन-पर-दिन
सूखता जा रहा है समन्दर।

कुछ पता नहीं चलता,
ऊपर कौन उठता जाता है—
अपनी जगह पर खड़ा है
वो पेड़,
या
उस पर छलाँग लगा कर
चढ़ता हुआ बन्दर?

आदमी पत्थर तोड़ता है
रास्ता निकालने के लिए

और खुद टूटता जाता है।
पत्थर
रास्ता देने के लिए टूटता है,
और आगे बढ़ जाता है।

सिर्फ रूप उसका बदल गया रहता है।

आदमी और पत्थर के मुकाबले में
आदमी पत्थर
और पत्थर आदमी होता जा रहा है।
वैसे,
समय भी एक प्रकार से पत्थर ही
होता है।

मगर,
आदमी के लिए पिघलता है
जबकि आदमी
स्वयं आदमी के धोखे में
पत्थर बना रहता है।
रूप अपना देख नहीं पाता है
जान नहीं पाता है मन–
अन्दर से खाली हुआ रहता है।
अपने ही मन के अँधेरे में
अपना रूप
बार-बार गढ़ता है,
गढ़ कर गिनाता है।
मुझे नीमा की चिन्ता है।
पत्थरों की छाँह में जन्मी–
सयानी हुई

नीमा

अब आदमी के बीच है।
आदमी में पत्थर
और पत्थर में आदमी है।

अपने लिए कुछ भी नहीं है।

मगर,
पत्थर और आदमी—
दोनों के लिए—
एक नदी, एक आईना है।

नीमा
चाँद पर पाँव देकर
धरती से ऊपर उठ जाती है
कभी,

कभी
सूरज का हाथ पकड़
धरती पर आती है।
समय पड़ जाने पर
हरियाली से खेलती है
दो-चार क्षण—
हँसती है, गाती है,
और फिर
नदी की बाँह में बाँह डाले
आगे बढ़ जाती है।

नीमा पृथ्वी नहीं है।
मगर पृथ्वी की ऊष्मा
उसे पेड़ों की छाया में खींच ले जाती है।
नीमा

पेड़ों से बोलते-बतियाते
जी हलका कर लेती है–
पेड़ों के साथ आसमान पर चढ़ती है,
सपना आसमान का देखती है।
एक निर्झर ऊपर है,
एक निर्झर नीचे है।
सूरज
निर्झर की बाँहों में बँधता है,
बाहर निकल आता है–
समय का चुप तोड़
पत्थरों का दिल गा उठता है
फिर भी,
गीतों में बँधा नहीं रहता है
नीमा का मन–
नीमा पत्थरों को टेर कर
नीले आसमान के नीचे
स्नान करने आती है
धूप में।
पेड़ अन्दर-ही-अन्दर सिहरते हैं।
हवा
छेड़खानी करती रहती है।
इधर-उधर देखती है,
फिर-फिर ठीक करती है–
सीने का स्नेह-बन्ध
फिर-फिर खुल जाता है।
और बातें
अम्बर की मर्जी पर छोड़ कर
अन्त में दिगम्बर हो जाती है।
पहले कंगन,
फिर गोड़े चमकाती है।
पत्थर पर चल-चल कर सखरे हुए

पाँव जो
पत्थर से रगड़-रगड़ कर चिकना कर रही है।
कभी तलवा तब केहुनी,
फिर केहुनी और तलवा–
फिर शेष भाग ध्यान में आता है।
पानी यहाँ तेज है–
फिर भी,
बड़ी मेहनत से भरा हुआ घड़ा
देह के अदेह संगीत-प्रवाह में
खाली हुआ जाता है।

नीमा पत्थरों की कारा में बन्द है,
पत्थर नीमा की आँच में तपते हैं,
गलते-पिघलते
और टूटते हैं।
नीमा के हँसने से पत्थर हँस सकते हैं,
पत्थरों की मुक्ति में नीमा की मुक्ति है।

और कोई युक्ति नहीं
साथ-साथ लड़ने
और मरने के सिवा–
सिवा
एक प्राण, एक प्रण,
एकजुट, एकलक्ष्य
होने के।

अकेले में
हर अन्धकार
इन पत्थरों से बहुत बड़ा पड़ता है–
बहुत काफी है
इन्हें निगलने के लिए।

किन्तु,
जब पंक्तिबद्ध खड़े हो—
दिशा इनकी एक हो,
कोई भी ताकत इनसे बड़ी नहीं हो सकती।

नीमा जानती है—
कौन पत्थर अपना
और कौन पराया है,
कौन काँटा चुभता है पाँवों में
और कौन
उसे बाहर निकालने के लिए
हाथ आता है।
मगर सबको समेट नहीं पाती है,
न खड़ा कर पाती है
एक आसमान के नीचे,
इसीलिए दुखी...सन्तप्त है।

नीमा अपने अँधेरे में टूटती है,
और फिर
अपने अँधेरे के बल पर ही
बाहर की रौशनी से जुड़ती है।
टूटती है
अन्दर की जकड़न से।
रोती-बिलखती है पत्थरों में मुँह छिपा कर उन्हीं
पत्थरों के साये में हँसती और गाती है।

नीमा
पत्थरों की दुनिया में खड़ी है।
झीलों में
गोता लगाता है नीला आसमान,
उसका चाँद और सूरज।

पत्थर नीमा के अन्दर से गीत बन फूटते हैं—
पत्थरों के गीत के रूप में
नीमा स्वयं आ खड़ी है।

दुनियाएँ
और भी कई हैं—
एक-से-एक बड़ी
और सुन्दर।
मगर नीमा की दुनिया
सब से बड़ी
और सुन्दर है—
अपनी ही शक्ति पर खड़ी है।
प्रश्न है :
अपनी ही रौशनी में
डूबती हुई
आज की दुनिया का
विकल्प
क्या नीमा की दुनिया
हो सकती है?

पत्थर वैसे पत्थर ही होते हैं।
मगर जब आदमी से भेंटते हैं,
आदमी बन जाते हैं—
उसकी लड़ाई में
साथ-साथ टूटते हैं,
तोड़ते हैं,
और अन्त में
आदमी की भाषा सीख जाते हैं।
लड़ते-झगड़ते हैं आदमी से,
आदमी के साथ-साथ गिरते
और उठते हैं—

उठते हैं,
गिरते हैं।

पत्थर पर पत्थर
और पत्थर
और पत्थर।
एक पत्थर तन कर कभी खड़ा हो जाता है,
दूसरा माथे से टकराता है,
और सीधे सीने पर आकर गड़ता है
तीसरा।
इसी तरह
परस्पर टकराकर
लगातार लगातार टूटते रहते हैं
पत्थर।
मगर
जब बृहत् आकार ग्रहण करते हैं
एक होकर
कोई भी बड़ा नहीं पड़ता--
ये पत्थर सबसे ऊँचा उठ जाते हैं।

यहाँ-वहाँ बिखरे पड़े ये पत्थर
वैसे कम दीखते हैं,
मगर दुनिया भर में फैले हुए हैं,
और सारी दुनिया में छाये हुए हैं
खुद टूट-टूटकर
इन्हें तोड़ते रहने वाले करोड़-करोड़ हाथ।
और इनकी जो एक विराट दुनिया
खड़ी हो रही है
उसके सामने
बहुत छोटी है
दूसरों की चुराई हुई रौशनी में खड़ी

अपने-आप से लड़ती और कटती हुई दुनिया।

ये करोड़-करोड़ हाथ
एक दिन हमबद्ध होकर उठेंगे—
छिटपुट ही सही,
आज भी उठने लगे हैं
यहाँ-वहाँ—
ये करोड़-करोड़ हाथ
कल रौशनी में अपना हिस्सा लेंगे।

नीमा काँटों से
पाँवों में चुभे हुए काँटे
निकालती है,
और काँटे जो रास्ता भूल गए हैं
उनसे काँटों के बल पर ही लड़ती है—
रास्ते पर लाने की कोशिश में लगी है।

पाँवों में चुभे हुए काँटे,
परस्पर टकरा-टकराकर
लगातार-लगातार टूटते जा रहे पत्थर,
आदमी अपने आप से लड़ता—
अपने-आप में मरता हुआ—
सब
नीमा की मुक्ति की समस्या हैं।
नीमा
एक-एक से लड़ती है,
नया रिश्ता जोड़ती है
एक-एक से—
अपनी ही नियति से जूझती हुई
अपने समय की धारा को मोड़ने में लगी है।

आदमी के हिसाब से
हिसाबों के आदमी का कोई वास्ता नहीं—
नीमा की आग का किन्तु
एक अलग हिसाब है।
नीमा मेरी कल्पना का सच है,
सच की कल्पना नहीं।
आज की हमारी लड़ाई का सच
उसके पसीने और खून में पलता है।

[मई, 1987]

घर

[1]

गिरने से पहले उन नोनियायी दीवारों ने
याद किया होगा मुझको
जिनसे झड़-झड़ कर गिरते थे मिट्टी के चकत्ते
कभी कभी मेरे बचपन की पीठ पर

भदभदा कर गिर जाने से पहले
छप्परों ने कुछ देर तक बिना सहारे के भी
टिके रहने की कोशिश की होगी

थोड़ी देर रुका होगा
हमारे कन्धे की प्रतीक्षा में वह ठाट
जिसमें रहने वाला साँप
चूहा पकड़ने की कोशिश में
एक दिन गिरा था ठीक मेरे पाँव के पास

मलबे में दब जाने तक बचा रहा होगा
उन खम्भों में मेरा स्पर्श
जिन्हें पकड़कर चक्कर काटा करता था मैं
अपने बचपन के वसन्त में

इस बार की तेज बारिश और बाढ़ को
झेल नहीं सकी
मेरे बूढ़े घर की जर्जर काया
अपनी जिन्दगी तक घर को बचाये रखने की
पिता की विवश आकांक्षा को कुचलते हुए
उनकी आँखों के सामने ही गिर गया
कुछ मिट्टी और पक्की ईंटों की
मिली-जुली दीवारों वाला हमारा खपरैल घर

वह घर जिसमें की गयी थी
मेरे पैदा होने की प्रतीक्षा
जिसके छप्परों के चूने से गीली देहरी पर
फिसल-फिसल कर गिरता था मेरा बचपन

वह घर
जिसके पूरा होते ही चल बसे थे दादा
जिसके ओसारे के एक कोने में पड़ी-पड़ी
उम्र के आखिरी दस बरस गुजार गयी थी दादी माँ

वह घर
जिसके रसोई वाले ओसारे पर
धधकती थी सबसे मीठी आग
जहाँ होती थी पृथ्वी की सबसे सुन्दर स्त्री
भात पकाती माँ

वह घर
जो मुझे लगता था
तब-तब बेहद प्यारा
जब-जब मिल जाता था अच्छा खाना

वह घर जिसकी दीवार में

मरने से पहले ही जड़ दी गयी थी माँ
जिसकी जद में आते ही
पागल हाथी की तरह चिंघाड़ने लगते थे
दुनिया के सामने शान्त-सौम्य दीखने वाले पिता

वह घर
जहाँ अकसर सावन-भादों में
घट जाता था चावल
तब कोठी के पेंदे से ढेर सारा भूसा निकालकर
माँ चुनती थी एक मुट्‌ठी चावल
और याद करती थी दादी माँ के किस्से के 'राकस' को
कि अँधेरी रात में सुनसान चौड़ चाँचर में मिलता है राकस
उसके सिर पर होती है
चोरबत्ती की तरह भुकभुकाती हुई एक आँख
और एक जटा
अकेले में मिल जाने पर वह
मिट्‌टी का चक्कर ढुलवाते-ढुलवाते
थका कर मार देता है आदमी को
लेकिन, बस उसकी जटा होती है चमत्कारी
उसे नोच लो तो नष्ट हो जाता है राकस का पराक्रम
माँ कहती
कि कोई उसे भी ला देता राकस की जटा
तो वह रख देती चावल की कोठी में
फिर जितना चाहते पकाते
जितना चाहते खाते
कभी न घटता चावल
कभी न घटता भात

[2]

वह घर जहाँ से एक ठण्डी भोर में
पत्नी की आँखों की ललक
और बेटी की तोतली मुसकान के साथ
शुरू की थी यात्रा
और तभी से
ठहरे हुए पानी की तरह
भारी और गाढ़े अँधेरे को भेदते हुए
चलता रहा हूँ
जिन्दगी के बीहड़ को करते हुए पार

तय करते हुए
तीन सौ पैंसठ गुणा तैंतीस मील लम्बा सफर
न जाने कितने काँटे चुभे
कितनी डालियाँ सिर से टकरायीं
कँटीली-लताएँ उलझीं
फिर भी मैं चला
चलता ही रहा

पत्नी के दर्द
बिटिया के गलशोथ
और बेटे की गिल्टी से जूझते हुए
दफ्तरों और कारखानों में
दौड़भाग करते हुए
मिला वह राक्षस भी
एक नहीं कई-कई बार
लेकिन बियाबान अँधेरे में नहीं
कभी किसी बंगले में
कभी किसी मंच पर
दिखी वह जटा भी

और उसे पाने की कोशिश में
कट-कट कर
उसके एक्वेरियम में तैरते हुए हाथ

छिल गये कन्धे
लहूलुहान हो गये पाँव
तार-तार कपड़े
फिर भी मैं चला
चलता ही रहा

अपने तन
और तन पर चेहरे
और चेहरे में आँखें
और आँखों में सपनों को बचाते हुए
जिन्दगी के बीहड़ को करता रहा पार
कन्धे में दुबक गया चेहरा
चेहरे में डूब गयीं आँखें
फिर भी खोया नहीं सपना
खोयी नहीं यादें
आती रही याद
पीड़ा के अजस्र प्रवाह में
बेड़े पर तिरती हुई दीपकलिका-सी
माँ की हँसी

चूते रहे छप्पर मेरी नींद में
स्मृतियों में जमा जुआठ के पानी में
झाँकता रहा मेरा बचपन

वह घर
जो अभी-अभी था
अब नहीं रहा

मेरी नींद और सपनों में
मेरे खून और जिगर में
कहीं भी नहीं

हे पृथ्वी
अब तुम्हारे किसी कोने में नहीं है
मेरा कोई घर!
प्यार करता हूँ मेरे देश
मैं तुम्हें अब भी प्यार करता हूँ
तुम्हारे धीरोदात्त पहाड़ों को
तुम्हारी चंचल नदियों को
तुम्हारे झरनों, जंगलों, खेतों, फसलों, खदानों
और कारखानों को
बेहद-बेहद प्यार करता हूँ!

[1987]

दिल्ली खतरे में है

बर्लिन था
बर्लिन है
बर्लिन रहेगा।

बर्लिन था जो नहीं था
जो नहीं था है
जो है वो नहीं रहेगा।

बर्लिन मगर रहेगा।

एक कौम को जिन्दा रखने के लिए,
बचाने के लिए खण्डित होने से,
अपनी धरती,
और अपने आसमान को,
बर्लिन रहेगा।

खतरे में दिल्ली है।

दिल्ली सबकुछ है
हिन्दू है, मुसलमान है
सिख और पारसी और ईसाई है
तमिल और सिंहली भी है दिल्ली

दिल्ली मगर दिल्ली नहीं है।

दिल्ली खतरे में है।

[20 अक्तूबर, 1990]

गुरुद्वारा

यह ग्रन्थी का बैठका नहीं,
गुरुद्वारा है।
गुरुवाणी सुनने आती है
यहाँ तलवार भी
अपनी धार नरम कर
और सिजदे में झुक जाती है।

गुरुद्वारे को गुरुद्वारा ही रहने दो
गुरुद्वारा गर ठीक है,
सब कुछ सही सलामत है।

गुरुद्वारे को पगड़ी के आगे नहीं,
पगड़ी को गुरुद्वारा के आगे रखो,
और बोलो सत श्री अकाल
अपने अन्तर की गहराई से।
कोई भी बात नहीं बनती है
खाली लड़ाई से।

[9 मई, 1987]

छोटी-छोटी बातें

धूप आती है
तब खुश रहते हैं
धूप चली जाती है
तब खुश रहते हैं
छोटे-छोटे लोग हैं ये
छोटी-छोटी खुशियाँ होती हैं
उनकी।

छोटी-छोटी दुनिया में
छोटे-छोटे आसमान होते हैं
नदियाँ होती हैं
जंगल और बियाबान होते हैं
छोटे-छोटे कदमों में
सिमटते चले जाते हैं
बड़े-बड़े फासले
पठार गर्दन नाप देते हैं।

दिन पहाड़ होते होंगे
औरों के लिए
इनके लिए
छोटी-छोटी ही रातें
और छोटे-छोटे दिन होते हैं।

[नयी दिल्ली, 7 जनवरी, 1990]

जंगल की पीठ पर खरगोश

एक छोटी-सी नदी है
जिसमें स्नान कर लेता हूँ
और जल भी उसी का पीता हूँ
जब प्यास लगती है।
किन्तु बदले में उसने कभी कुछ नहीं माँगा।

उसी के किनारे
एक छोटा-सा गाँव है
जंगल की पीठ पर छलाँग
लगाते जा रहे खरगोश की तरह।

जहाँ पैदा हुआ,
बढ़ा,
और अब बच्चे मुझे दादा कहने लगे हैं—
उसका सूर्योदय देखने के लिए तरसता रहता हूँ,
कहीं और होता हूँ जब।

और एक छोटा-सा आँगन है
जहाँ एक छोटी-सी ही थाली में
सूर्यग्रहण देखा था एक दिन,
फिर चाँद और तारों को भी देखा हिलते जल में—
कितना अद्‌भुत था दृश्य वह!

कभी यह शिकायत नहीं की उसने
कि ऊपर आसमान तंग है।

वही आसमान
आज तंग पड़ने लगा है
आँगन कई-कई टुकड़ों में बँटा हुआ है
और दिन-पर-दिन
रेत में समाती जा रही है नदी भी।

[नयी दिल्ली, 6 नवम्बर, 1990]

दिल्ली डायरी

शान्ति-पथ

संसद से दूर
संसद को पीठ देकर
जसबीर शान्ति-पथ पर बिलकुल उलटी दिशा में खड़ा है
हाथ में शान्ति का कपोत नहीं,
नीली पगड़ी है—पगड़ी में लाल बैलून है।

घर से दूर—बहुत दूर
घाट-घाट फिरता है, सपना लिये घर का
अपनी नदी का जल नहीं मिलता
यहाँ टेप का जल पीकर प्यासा रह जाता है,
अपने आप को छलता है।

घग्घर के जल में नहाया जसबीर
कोलतार और पत्थर की धूल से मैला हुआ जाता है।
भूखा है, मगर भूख महसूस नहीं होती,
आँखें शहर में अपने लिए कोई साया ढूँढ़ती रहती हैं।

जसबीर
शान्ति-पथ से शान्ति-वन पहुँचने की कशमकश में
शक्ति-स्थल के काँटेदार घेरे से टकराता है

और गिरता है मुँह की खाकर।

एक कौम की खुदकुशी पर
आसमान परदा डालता है,
सूरज सफेदा बिछाता है दूसरी के जख्म पर
और यह रोज-रोज होता है
मगर कोई पत्ता नहीं खड़कता,
खर्राटा भरता रहता है शहर
रोशनी की मीनार पर।

टिड्डा ऐसे ही छलाँग लगाता रहता है।

इक्कीसवाँ द्वार

इस राज में उजाला ही उजाला है।
संकट मगर यह है
कि यह खुद ही अँधेरे में पड़ा है।

कुछ अलग है यहाँ के लोगों का हाल भी :
बाहर और भीतर में
मीलों का अन्तर जो है सो है ही,
यह जन्तर-मन्तर का खेल है
कि आदमी यहाँ साँप और साँप छछून्दर है।

हाथ जो बचाव में उठते हैं
खुद अपने गले पर पड़ते हैं,
घात कर साफ निकल जाता है घात करने वाला
और सन्तरी परेड करते रहते हैं।

कत्ल हो, काण्ड हो

तो जबरन जला दिये जाने का
बड़ा-से-बड़ा घोटाला या देश प्रेम का मामला हो,
कहीं कोई ईंट नहीं हिलती,
कोर्ट की गवाही का मोल नहीं रहा,
कोर्ट खुद ही गवाह बन जाता है।

कदम कहीं को उठते हैं
और कहीं पड़ जाते हैं,
मगर नीचा नहीं होता है देश का झण्डा
जाम नहीं होता है प्रगति का चक्का
न ही लाल किला सोता है।

भूख पेट से
और पेट पेट से लड़ता है
आदमी की भूख से
भूख का मोर्चा और
लम्बा होता जाता है।
और सारे प्रश्नों को पीछे कर
पूरा सही सलामत है राष्ट्र
और राष्ट्रीय अखंडता का पाठ
दिन-रात चलता रहता है।

भीतर उमंग, उमंग बाहर है,
इक्कीसवाँ द्वार सज-धज कर खुला है,
मुट्ठी भर धूल नहीं मिलती कहीं,
लोगों की आँख में मक्खन डाल
राजाराम राम राजा बना है।

[8 मई, 1987]

झोंपड़पट्टी

झोंपड़पट्टी के अपने गम
और अपनी खुशियाँ हैं।
रौशनी नहीं लाये यह तो
शहर अँधेरे में रहे,
और आप अँधेरे में रहती है।

पहाड़ पैर सीधा करने को
जगह दे देता है
जंगल, खर-पात और आग–
झोंपड़पट्टी उसी आग पर जिन्दा है।

पत्थर तोड़ती है
और खुद भी टूटती रहती है।
टूटना इसके विकास की प्रक्रिया है।

वाहर की चमक-दमक से मुँह मोड़कर
अँधेरे में मुसकाती है यह झोंपड़पट्टी।
किसी भी मौसम में फूट निकलती है।

आदमी यहाँ भी रहते हैं,
मगर आदमी की तरह नहीं।
झोंपड़पट्टी शहर के चरित्र पर
प्रश्न-चिह्न बनकर खड़ी है।

रौशनी से अभी तक परिचय नहीं हुआ है
झोंपड़पट्टी का,
जबकि रौशनी इसी की पीठ पर चलती है,
अँधेरा इसकी रगों में अकड़ा रहता है
दर्द बनकर,

और यह पत्थरों का संगीत सुनते-सुनते सो जाती है।

पहाड़ का पूरा ताप
जंगल की सारी-की-सारी आग
झोंपड़पट्टी के अन्दर है,
रौशनी को पहचान न ले,
इसलिए इस पर
कौटिल्य की शुरू से ही नजर है।

यह नजर का घेरा मगर
शीघ्र ही कभी टूटेगा।
कौटिल्य का भेद खुलने लगा है,
और दिन पर दिन और सख्त होने लगे हैं पत्थर—
जो बच्चा इस झोंपड़ी में
सूरज की पहली किरन के साथ जन्मा है,
वह एक दिन अपने पूरे अधिकार के साथ उठेगा।

बारादरी

सूरज कुण्ड का खोखा
अब चाँदनी चौक पहुँचा है।
बारादरी अकस्मात लहक उठी है।

सिरी फोर्ट

चाहिए तो यह था
कि कांगो के करीब आ जाने से
अब यमुना में भी ज्वार आ जाता,
गंगा

और साफ, और तेज होकर बहती,
अपने हकों के लिए जाग उठते तराई के सभी गाँव,
नयी रौशनी मैदानों को फिर से नहलाने लगती,
लाल किला के गुम्बद कुछ और ऊँचा हो जाते,
कुछ और ऊँचा हो जाता हिमालय का सर,
और पठारों का हौसला भी कुछ बढ़ता,
पहले से पतली नहीं होती गोदावरी,
न उदास पड़ता कृष्णा और कावेरी का तट,
मगर बेसुर हो गया है यहाँ आर्केस्ट्रा ही कुछ ऐसा
कि अब धीमा पड़ गया है कांगो ड्रम भी।

मोहनसिंह प्लेस कॉफी हाउस

कॉफी हाउस में चलने वाली
बातचीत का स्तर
इधर यदि गिरा नहीं
तो काफी बदल गया है।

वहाँ अब
बही-खाते का हिसाब
कुछ अधिक होने लगा है।

साल में मुश्किल से कभी किसी दिन
मुल्क को खड़ा करने वाला कोई पहुँचता है,
और किसी कोने से फिर
कोई जलता हुआ मसला उठ खड़ा होता है।

तब लगता है,
मुल्क नाम की भी कोई चीज है।
मगर मुश्किल फिर यह हो जाती है

कि खुद की ही जगह का पता नहीं चलता,
और आदमी अपने अँधेरे में लौट जाता है।

बोट क्लब

यहाँ सब कुछ है...
एक बोट
और उसको थाम्हने वाला कोई नहीं है।

धारा से लड़ते हुए
धारा में आगे बढ़ जाने को बेसब्र लोग
यहाँ जमा रहते हैं अक़सर
लाखों, करोड़ों,
कभी-कभी अरबों।
पाँव बढ़ाते हैं आगे
मगर जहाँ-के-तहाँ रह जाते हैं।
और कहीं कुछ नहीं होता।

यहाँ के माली रामकिशन का पारा
किसी-किसी दिन वैसे जरूर चढ़ जाता है,
और वह,
हालाँकि बहुत नेक और गम्भीर आदमी है,
गालियाँ भुनभुनाते हुए
रात-रात भर जगा रह जाता है।
पता नहीं चलता किसी को!

[17 मई, 1987]

राज-पथ

एक अजगर है यहाँ से वहाँ पसरा हुआ।
धूप, वर्षा और शीत में समान रूप से यहाँ रहता है,
हवा पीकर जीता है।

पीठ पर गाड़ियाँ दिन-रात चलती रहती हैं,
लोग कहाँ-से-कहाँ पहुँच जाते हैं इसकी पूँछ पकड़ कर,
मगर खुद कहीं नहीं पहुँचता—
कोई लक्ष्य नहीं इसका।

सुना है, कुण्डली में बड़ी ताकत है—
एक बार जगे तो संसद किनारे खड़ी देखती रहे,
पूरा-का-पूरा राष्ट्रपति भवन
एक ही चपेट में
उदरस्थ हो जाय,
और कहीं कोई सींक भी नहीं डोले।
मगर शुक्र है, यह न कभी करवट लेता है,
न कुण्डली मारता है—
किनारे खड़े दरख्त
पास के जलाशयों से ताज़गी छान
हवा करते रहते हैं,
और यह नींद में पड़े-पड़े दहलाता रहता है आसमान को।
धरती अपने हाल पर रोती है।

[21 मई, 1987]

नदी यहाँ मर गयी है

नदी यहाँ मर गयी है
गाय-भैंसों से भी बातें करने लायक नहीं रहा
टुकड़ा-टुकड़ा पानी।

और रेत जो सीने पर
एक चमकता संसार लिये रहती थी
शर्मिन्दा पड़ी रहती है तराई के लोगों के सामने।
झोंपड़ियों में आग लगती है
और उन्हें बचाने में बेहाल रहते हैं लोग।
नदी किनारे अब कोई नहीं जाता।

शायद कभी फिर
कोई जलजला हो
शिखर टूटे कोई
और नीचे दबा पड़ा जल
वेग से बाहर आये।

लोग तब
एक बार फिर
अपनी नदी की ओर दौड़ेंगे,
इत्मीनान से बातें करेंगे सूरज के साथ बैठकर

और नदी का जल गहरा हुआ रहेगा।
मगर वह एक दूसरी नदी होगी।

[5 अक्तूबर, 1990]

इफ्तार पार्टी

बड़ी-बड़ी रौशनियाँ हैं,
बड़े-बड़े चेहरे दिखाई दे रहे हैं।

आसमान साफ है।
कुछ बादल जो घिर आये थे
अभी-अभी टल गये हैं,
और वो तूफान भी जो उधर से उठा था
कोई और राह पकड़ कर
कहीं उधर ही रह गया है।

लोग-बाग हैं।
बढ़-बढ़ के गले मिल रहे हैं।
दुआएँ कर रहे हैं एक-दूसरे की सलामती की,
और धरती की आँच से ऊपर उठकर
स्वर्ग के हाथ चूम रहे हैं।

बिलकुल एक अलग ही शान है
कश्मीरी शाल की।
झील का भीतरी सौन्दर्य
सबको बाँधे हुए है।
सबकी गर्दनें एक-सी झुकी हैं...
कोई देख नहीं पाता उधर क्या हो रहा है।

और शहर के उस कोने में
एक धीमी बत्ती अँधेरे से लड़ते हुए
अपना पुराना सलमा-सितारा सँभालने में लगी है।
हाथ रह-रह कर काँपते हैं।

सिद्धार्थ काण्टीनेण्टल

एक बार
बस एक बार
आग लगनी थी।

आग लगी
और सिद्धार्थ वसन्त विहार चले गये...

यह नहीं सोचा
कि वही आग यदि झोंपड़पट्टी
या फिर यमुना पार की बस्तियों में लगे
तो वहाँ वाले कहाँ जाएँगे?

बदल जाएँगे
पूरी तरह शायद सिद्धार्थ भी
इक्कीसवीं सदी के आते-आते।

मैना फिर सामने खड़ी है

मैना फिर सामने आकर खड़ी है।
देख रही है
ऐसे
कि कुछ समझ नहीं आता
आँखों में
प्यार है
या उपहास।

वैसे हताश हूँ मैं।
अन्दर
बरमहल एक सूरज चमकता रहता था,
आज दूर-दूर तक उसका पता नहीं—
एक को पार कर दूसरे अन्धकार में पड़ता जाता हूँ

अकबर

बहस
चिकन तन्दूर से शुरू होकर
अब शाही टिकिया पर
उतर आयी है।
तानसेन को क्या पसन्द था,
एक साहब दरियाफ्त करते हैं।
इस पर जम्हुआई लेने लगते हैं
सामने के साहब
और बीच बैठी बीवी
वैनिटी बैग से आईना निकालकर
जलते दिन में चढ़ती
धूप को खोजने लगती है।

बेयरा को इनकी बातों में
कोई दिलचस्पी नहीं—
उसके सामने ताज खड़ा है
बेपनाह आँसुओं में तरबतर
अपनी साँझ देखता हुआ।

उसे कुछ समय चाहिए
आसमान की नीली गहराइयों में
डूब जाने के लिए—

वह थके मन से
ड्यूटी ओवर हो जाने के इन्तजार में है।

घड़ी मगर रुकी-रुकी सी लगती है,
अकबर उसकी बेबसी पर हँसता है।

[14 मई, 1987]

नरम दस्ताने में लोहे का हाथ

नरम दस्ताने के धोखे में मत रहिए–
नरम दस्ताने में लोहे का हाथ है।

और यह लोहे का हाथ
मुल्क के माथे पर, मुल्क के साथ है–
जानता है कब क्या करना है।

लोहे का हाथ मगर शीशे के अन्दर है।

शीशे के अन्दर है,
क्या हुआ,
उठता है,
लाखों हाथ उठते हैं–
लाखों हाथ गिरते हैं
गिरने के साथ इसके।

उठ-उठ के गिरना,
और गिर-गिर के उठना
मगर शीशे के अन्दर ही होता है।

फिर भी,
इस हाथ से मुल्क की सुरक्षा है,

इसीलिए, मुल्क की सुरक्षा से पहले
खुद इस हाथ की सुरक्षा जरूरी है।

पहरे-पर-पहरा,
पहरे के अन्दर पहरा,
पहरा नाके-नाके
और आदमी-आदमी पर
खड़ा है।

और गोली का भय सबके ऊपर है–
बाहर है, शीशे के अन्दर है।

शासन के लिए जरूरी है
इसलिए पहरा है।
और शीशे के अन्दर क्योंकि
मुल्क नहीं जा सकता–
यह लोहे का हाथ ही
शीशे के अन्दर सुरक्षित है–
सुरक्षित है मुल्क भी।

[18 मई, 1987]

देश-भक्त

चोर नहीं था
मगर चोर हूँ—
दुश्मन भी हूँ,
मैं मित्र नहीं राष्ट्र का।

मेरे देश-प्रेम से
देश-द्रोही क्रुद्ध थे-
उनकी चाल के सामने
अब पूरी तरह मात हूँ।

कालिखपुता मुँह लेकर
कहाँ जाऊँ—
क्या करूँ?
देश से दगा कर,
कहते हैं खुश हूँ—
देश के बाहर सुरक्षित हूँ।

यह सब, जानता हूँ,
मेरे देश-प्रेम का नतीजा है।
सड़कों पर नंगा नाच रहा
मीर जाफर का साला,
जयचन्द का भतीजा है।

हारूँगा नहीं मगर।
खोज़-खोज एक-एक से बदला लेगा
घायल अहंकार मेरा।
लम्पट नहीं, मर्द का बच्चा
और सच्चा देश-भक्त हूँ।

[18 मई, 1987]

फ्लैग मार्च

फ्लैग मार्च हमारी कमजोरी नहीं
शक्ति का प्रदर्शन है।
जब सेना बाहर आती है, अन्दर
चले जाते हैं लोग,
और हमारा मनोबल बढ़ जाता है।
फिर जंग लगी तलवार की चिन्ता
नहीं रह जाती,
न ही टूटी हुई ढाल सामने आती है–
अपने जख्म छिपा कर मजबूत करने लगते हैं
मैत्री के हाथ,
और शान्ति-वार्ता आगे बढ़ चलती है।

[23 मई, 1987]

दूरदर्शन

दूरदर्शन की आँखें दूर-दूर तक
दौड़ आती हैं।

आमेजन की बाढ़,
अफ्रीका के ज़ंगलों की आग,
बर्फीली तन्हाइयाँ यूरोप की,
फिलिस्तीनियों की जूझती टुकड़ियाँ,
कई-कई छवियाँ वोल्गा और ह्वांग-हो की—
सब उसकी आँखों में पड़ती हैं
मगर दीमक लगी नींवें अपने
ऊँचे-ऊँचे महलों की
ढहती हुई मीनारें,
गाँवों के उठे हुए माथे और हाथ—
घायल पंजाब
और तेलम टायम श्रीलंका के—
उसके वृत्त में नहीं आते।

पारदर्शी, मक्खन से मुलायम परदों के अन्दर से
उभरते नगमों और नंगी ग़ज़लों पर ही टँगी रह जाती हैं
उसकी आँखें,
और पास आने पर अन्धी हो जाती हैं।

[23 मई, 1987]

हजार चेहरोंवाला भारत

और अब
हजार चेहरोंवाला भारत
आकर खड़ा होगा
विजय के रंगमंच पर–
एक साथ चलेंगी एक हजार जुबानें।

मगर,
वह अपना चेहरा और अपनी जुबान
खो देगा–
बहुत मुश्किल हो जाएगा
इक्कीसवीं सदी के लिए
उसको पहचानना।

फिर, पता नहीं,
वह किस नयी सदी में जाकर खड़ा होगा–
अपना खोया हुआ चेहरा उसे मिलेगा।

[23 मई, 1987]

गो-पुराण

गाय पृथ्वी है,
माता है।
थन में गंगा
और आँखों में यमुना है।

गाय हरियाली पर दौड़ती है,
गाय के चरने से हरियाली और-और बढ़ती है,
बढ़ते-बढ़ते दुनिया पर छाती है।

गाय की भूख से दुनिया का नाता है।
मगर अब नस्ल बदल जाने से
गाय भी बदली है, नाता भी बदला है—
नाता बस छाता है।

इस गाय को देखो—
कितनी गाय है!
मगर माँग पर भँवरी है—
शिव-शिव, महामरखण्ड है,
कुलक्षनी भी है।

क्या नहीं मिलता इसको?
फिर भी, बेवजह हरियाली को रौंदती है,

जब देखो, कपड़ा चबाती है,
जगे-जगे सोती है,
सोये में चलती है,
खूँटा तुड़ाकर जाने कहाँ-कहाँ जाती है–
क्या-क्या खा आती है!

और जैसी गाय वैसा साँड़ है...
वो भी नमूने का,
जाने किस खेत से आया है,
सूरत हराम है, मौगा है–
भागा-भागा फिरता है,
गाय पीछे लगी रहती है।

कभी पेट नहीं भरता इस गाय का–
राम जाने क्या खाएगी।
सारी हरियाली तो सौंपह कर गयी है,
अब लगता है, दुनिया को सौंपह कर जाएगी।

[19 मई, 1987]

गोली और गुलाब

गोलियाँ जवाब नहीं होतीं,
सवाल पैदा करती हैं।

यह और है कि
कभी-कभी सवाल ही
जवाब की जगह खड़े हो जाएँ।

मैं अपने लिए गोली चुनना नहीं चाहूँगा,
बल्कि गुलाब पसन्द करूँगा।

गुलाब यह तो यकीन दिलाते हैं
कि धरती चाहे जैसी भी हो,
उस पर खड़ा हुआ जा सकता है।

गुलाब धरती से आसमान को मिलाते हैं—
और जब अपना संगीत छेड़ते हैं,
गोलियाँ अकसर मेरे जेहन से उतर जाती हैं।

गोली मैं तब चुनूँगा
जब धरती से आसमान का संवाद टूट जाएगा,
और भाषा अन्धकार में ले जाकर हमारा साथ छोड़ देगी।

मगर ऐसा नहीं होगा।

भाषा जहाँ मुड़कर रास्ता दिखाने लगे
तुम मेरे साथ हो लेना।
वहाँ हम गोली को दफन कर गुलाब रोपेंगे,
और आगे बढ़ जाएँगे।

[6 जून, 1982]

रोटी

रोटी, पूछने पर माँ ने कहा था, पसीने से
आती है। मगर उसकी हिफाजत का काम

बहुत मुश्किल होता है। जरूरत पड़ने पर
उसके लिए खून बहाना पड़ता है।

मैंने सारा पसीना जला दिया। खून भी
बहाया। मगर रोटी नहीं आयी। बोलो—कहाँ

गयी रोटी? ये संगीनें—ये गोलियाँ। बोलो—
संगीनें और गोलियाँ क्या भूख मिटाती हैं?

मैं रोटी माँगता हूँ। और चूल्हे की जगह मेरा घर
सुलगाने लगते हो। मेरी झोंपड़ी क्या तवा है?

सब कैसे ऐंठे हैं! ये माँ, ये मेरे बच्चे, ये बच्चों की
माँ! ये रोटी हैं! इन्हें कौन कहेगा रोटी?

और तुम भी क्या ऐसी ही रोटी खाते हो? इस तरह
पकने के लिए तुम्हारे यहाँ अभी कितने प्राणी बचे हैं?

इस घर में अब कुछ नहीं रहा। तुम्हारे यहाँ चलते हैं—
देखें, वहाँ कैसे बनती है, कैसी लगती है रोटी!

ज़ख़्म

यहाँ कदम आहिस्ते रखना—
एक सपना सोया पड़ा है।
वह सपना तुम्हें दिखाई नहीं देगा—लोगों के
आते-आते रहने से उसकी राख तक उड़ गयी है।

मैं उन्हें रोक नहीं सकता था।
मगर तुमसे कहता हूँ—
यहाँ कदम जरा बचाकर रखना।
उसे यहीं पर जला दिया गया था।

उसकी आँखों ने अँधेरे से संवाद किया था,
और जल उठी थीं।
उसने फिर सुबह को अपनी पलकों पर बैठाने की
कोशिश की—उसके हृदय से एक नया गीत उभरा—
और एक नया सूरज साथ हो गया।

आज हमारे हाथों के टुकड़े-टुकड़े होने लगे हैं—
उसी तरह एक-एक कर एक दिन हमें भी जला दिया जाएगा।

मैं तुमसे कहता हूँ, और किसी से नहीं,
क्योंकि तुम भी नयी सुबह की तलाश में हो—
यदि हम उन तमाम पौधों को,

जिनके सिर पर उसके भस्म-कण बिखरे पड़े हैं,
साथ कर लें,
वह सपना फिर खड़ा हो जाएगा।

[10 अप्रैल, 1982]

सुनो राजन्!

सुनो राजन्!
ताज बहुत चमकता है,
मगर सूरज उससे भी अधिक चमकता है।
ताज की छाया
बरगद के साये से अधिक भरोसेमन्द नहीं होती।

और हे राजन्!
सोने पर गर्व
कभी भूल कर भी मत करना—
सोने की गर्मी
पहले रानी को लगती है,
और उसे तोड़ कर पहरा संगीनों का
बाहर निकलने की लत लग जाती है।
फिर भी कोई भी काम नहीं आता—
धरा-का-धरा रह जाता है सब-कुछ
और संकट ताज पर पड़ता है।

यह समय-समय की बात है राजन्!
गले की माला
नागिन बन डँसती है,
और नींद फिर कभी नहीं टूटती।

चढ़ते-चढ़ते टूट जाता है
सितार का तार,
संगीत की जगह
खँडहरों की चीख सुनाई पड़ती है।

राजन्!
जहाँ लोगों का पसीना चमकता है,
और संगीत की धुनें निकलती रहती हैं
लहू के वेग से,
वहाँ श्मशान में खड़ा करने का कलंक
अपने माथे पर मत लो।
तुम्हारे अन्धेरे का अठारहवाँ दिन कोई भी हो सकता है,
और किसी भी कोने से आकर
घेर ले सकती है उसकी मनहूस साँझ...

इन्द्रप्रस्थ को
अपना सवाल खड़ा करने का मौका मत दो।
और पिछले महाभारत से
अब तक कोई सबक नहीं लिया हो यदि,
ले लो—
अब भी काफी समय है।
युद्ध छिड़ जाने पर
घटोत्कच मारा जाता है
तो सुयोधन बचा नहीं रहता—
चीलों-कौवों, गिद्धों और कुत्तों-सियारों की अराजक भूख के सामने
अपने अँधेरे से जूझते रहने के लिए
अन्त में वही बच जाता है
जिसके हिस्से का आसमान
छिन गया रहता है।

सुनो राजन्!

अँधेरा जड़ होता है,
उसकी गिरफ्त से निकलो।
सबको न्यायोचित हक देकर
आसमान को खण्डित होने से बचा लो।

और किसी पर नहीं,
पहले खुद ही पर रहम करो–
दुर्ग पर भरोसा छोड़ो–
दुर्ग ताकत का नहीं, कमजोरियों का कवच है!

ऊँची हवेली

मेरे मस्तिष्क की रक्त शिराएँ शायद फट गयी हैं–
अपनी चेतना पर
जमते हुए खून का दबाव महसूस कर रहा हूँ।
मेरे अन्दर की बेचैनी
तुम्हारे शयन-कक्ष की जादुई रोशनी से टकरा रही है,
जबकि तुम्हारी आँखें
अपने अनिश्चित भविष्य के अन्धकार से
क्षण भर के लिए हट कर
मेरे होठों को पढ़ने में लगी हैं।
तुम्हारे इन फूलों के तार को
मेरी अँगुलियाँ अब शायद नहीं छू पाएँगी–
उन्हें मेरा अभाव बुरी तरह खटकेगा।
और बदले की आग से जलते हुए ये मेरे पंजे भी
अब शायद तुम्हारे गले पर नहीं कसेंगे–
पिछली गलतियाँ उन्हें घुन की तरह खा गयी होंगी।
फिर मुझसे खौफ खाने की भी क्या जरूरत है,
अजनबी बनकर रहा और अनजबी ही रहकर चला भी जाऊँगा।
मगर मेरे बाद आने वाले फावड़ों और हथौड़ों से
बचना बहुत मुश्किल होगा–
वे तुम्हारा कोई खयाल नहीं करेंगे।

[22 अप्रैल, 1982]

देश-प्रेम

तुम्हारे जन्म पर अब छीपा तक नहीं बजता। और
चाहे जितनी बार मरो; या इतिहास की भाषा में शहीद बनो
मुल्क का एक भी शिखर तुम्हारे नाम से नहीं जाना जाएगा—
गंगा या गोदावरी के किसी घाट पर या कहीं भी किसी पार्क में
देखने के लिए लोगों को तुम्हारी मूर्ति खड़ी नहीं मिलेगी।

जहाँ देश-प्रेम का सवाल उठेगा, या शहादत की दुहाई
देनी पड़ेगी, आजाद, भगत सिंह या नेता जी का नाम ले लेना
काफी होगा। वैसे, इन नामों पर भी मिलावट की मात्रा
कम नहीं मिलेगी।

तुमने भूख और तबाही में से, जुल्मो-सितम और अपमान भरी
जिन्दगी के बीच से मर-मर कर जिसे पाया है, जिसे वेद-मन्त्रों
या कुरान-शरीफ की पाक आयतों में उच्चारा है, बाहरी
आक्रमण के समय जिसे गले से ताबीज की तरह लटका कर
अपनी सरहद की रक्षा की है तुम्हारा वही देश-प्रेम तुम्हारी
हड्डियों को चूसता रहा है, और तुम अभी आज तक यह नहीं
जान सके हो कि तुम्हारा वह देश कहाँ हैं। गोली या संगीनों की
नोक पर, आग की लपटों पर, या झोंपड़पट्टी को नेस्तनाबूद
करते बुलडोजरों के चक्कों के नीचे, या फ़िर जेल में या
फाँसी के तखतों पर—आखिर कहाँ है तुम्हारा वह देश? उसकी
शक्ल कैसी है?

तुम्हारा देश-प्रेम तुम्हारे लिए जीने से अधिक मरने का तकाजा है, और तुमने, हालाँकि मुझसे यह छिपाओगे—अपनी जिन्दगी को मौत के बीच पाया है। मुल्क की तरक्की का पारा, देखता हूँ, जितना ऊँचा चढ़ता जाता है उतना ही तुम्हारा काफिला लम्बा होता जा रहा है।

मेरा सब्र पत्थर पर गिरे आईने की तरह चूर-चूर हो गया है—अपने देश तक पहुँचने में अभी कितना और समय लगेगा—कितना और खून बहेगा—अगले जन्म का मंसूबा लिये अभी, बोलो मेरे लोगो बोले मेरे देश, कितनी और बार मरना होगा?

[10 मई, 1982]

तुम हमसे हमारी नदियों का गीत नहीं छीन सकते

हिमालय पर पिघल कर
नीचे तराई में उतर आने वाली सूर्य-किरणें
हमें भी छूती हैं।
फिर, तुमने हमसे हमारी नदियों का गीत क्यों छीन लिया?

क्या ये गीत किसी जाति के जीवन में वर्जित हैं?

हमारे दुधमुँहे बच्चे
दूध में नहाई हुई चाँदनी माँगते हैं–
उनके मुँह में लावा फूट रहा है।
और माताएँ रक्त-रंजित आँगन के दृश्य से सहम कर
सूरज को
अपने आँचल के अँधेरे में ही
समेट लेना चाहती हैं।

वे जानती हैं :
सभी घरों के अन्दर सोये हुए चूल्हे
सोये ही रह जाएँगे–
वे गोली-बारूद के डर से नहीं,
अपनी खुराक पाकर जगते हैं।
माताएँ नींद में एक सपना सिरज रही थीं,
उन्हें वो भी नहीं करने दिया गया–
जबकि सपना सिरजना कोई गुनाह नहीं होता।

[1 दिसम्बर, 1982]

मुझे उन शिखरों तक पहुँचने दो

मुझे उन शिखरों तक पहुँचने दो
जो पिघलते रहकर भी
दुनिया के अँधेरे पर लगातार चमकते रहते हैं।
मैंने उन्हें सिर झुकाते हुए कभी नहीं देखा है।
वे दिन-पर-दिन ऊँचे होते जा रहे हैं—उनके बीच होने पर
मुझे उन पर आसमान के ओठंघने का-सा सुकून मिलता है।
और आसमान भी जानता है
कि पहाड़ और समन्दर रूप-भेद के बावजूद
मूलतः एक ही हैं—उनके बोलने का ढंग
जुदा-जुदा है।

जब बोलना होता है,
पहाड़ पिघलता है और समन्दर उबलने लगता है।

अभी वहाँ शिखरों पर कुछ गर्मी है—
वे पिघल रहे हैं, और समन्दर शान्त है।
मगर फिर जल्द ही समन्दर में भी उबाल आने वाला है—
उसे एक आकस्मिक विस्फोट समझने की गलती
फिर मत करना।

बल्कि,
समन्दर में वह उबाल नहीं आये तो क्या होगा,

सोच लेना—और भ्रम दूर हो जाने पर
उन शिखरों तक पहुँचने में मेरा साथ देना।

[2 दिसम्बर, 1982]

गाँव खड़े हो रहे हैं

गाँव खड़े हो रहे हैं–
गाँव धूल और धुएँ के बीच से सर उठाकर खड़े हो रहे हैं।
दमन की लाठी से उनके चूल्हे सर्द पड़ गये हैं–
गाँव सोये हुए संगीत को जगाने के लिए
हँसुवा, कुदाल और फावड़े का स्वर पकड़कर खड़े हो रहे हैं।

उनके ऊपर का आसमान विभाजित है,
और सूरज खण्ड-खण्ड हो गया है।
फिर भी, उनकी आँखें
अँधेरे का पर्दा चीर कर दूर कुछ देख रही हैं।

और कानों में पड़ रही अराजकता की चीख
कहीं से भी उनके संगीत को बाधित नहीं कर पाती,
वे आम और महुवे का ताल पकड़कर गा रहे हैं।

हवा का रुख जबकि बदल गया है,
फिर भी सूरज का घाव अभी जोर से टीस रहा है–
गाँव नीम के फूलों से अपने सूरज का घाव सहला रहे हैं।

उधर अन्धकार सूरज को दबोचने के लिए धीरे-धीरे बढ़ता आ रहा है।
मगर गाँवों ने खतरे को भाँप लिया है–
वो देखो, गाँवों ने अब अपने सूरज को कन्धे पर उठा लिया है।

जो आसमान अब तक चुप लगाये रहा
अब वो भी उनका साहस देखकर रोमांचित है।
और जब सब कुछ बिखरने लगा है,
उन्होंने पंक्तिबद्ध होकर अपना अभियान-गीत गाना शुरू
कर दिया है।

धरती की बाँहें उनकी ओर खुली हुई हैं,
और वे सर से लाल कफन बाँधे उधर लगातार बढ़ रहे हैं—
कविता गाँवों के कण्ठ से फूट रहा नदियों का गीत है—
सुनो, गाँव कविता को जिलाए रखने के लिए
पलाश वन की भाषा में नदियों का गीत गा रहे हैं।

[7 मार्च, 1983]

वह नदी में नहा रही है

वह नदी में नहा रही है।
नदी धूप में
और धूप उसके जवान अंगों की मुसकान में
चमक रही है।

मेरे सामने
एक परिचित खुश-बू
कविता की भरी-भरी देह में खड़ी हो जाती है।

धरती यहाँ बिलकुल अलक्षित है—
सृष्टि की सुगबुगाहट में
उसकी आहट सुनी जा सकती है।

आसमान का नीला विस्तार
और आत्मीय हो गया है।

शब्द
अर्थ में ढलने लगे हैं।
और नदी
उसकी आँखों में अपना रूप देख रही है।

आसमान के भास्वर स्वर उसके कानों को छूते हैं,

और वह गुनगुना उठती है।
उसके अन्दर का गीत
एक नन्हा पौधा—
सूरज की ओर बाँहें उठाये लगातार बढ़ता जा रहा है।

[20 अगस्त, 1983]

आलोचना और आलोचनात्मक चिन्तन

विचार का एक अहम मुद्दा जहाँ आलोचना के चरित्र की जाँच-पड़ताल को लेकर खड़ा होता है वहाँ हमें इस बात के लिए भी विवश करता है कि उन सूत्रों को खोजा और देखा-परखा जाए जिनसे आलोचनात्मक चिन्तन निर्धारित-नियन्त्रित होता है। चिन्तन का स्वरूप हमारे अन्दर निर्मित हो रहे संस्कारों की तरह विकसित होता है, और इसीलिए यह और भी जरूरी हो जाता है कि विचार करते समय किसी निष्कर्ष पर पहुँचने के पहले हम कुछ आत्म-सजग होकर उन फिसलन-बिन्दुओं पर भी नजर डाल लें जो हमें निर्णय-प्रक्रिया में ठीक बिन्दु पर ठीक से खड़ा होने से वंचित कर देते हैं। यहीं पर जवाबदेही का—वो चाहे नैतिक हो या विचारधारात्मक—सवाल भी खड़ा हो जाता है। बहुत नायाब होने की कोशिश में अपनी जगह; यहाँ आशय प्रतिबद्धता से है; फिसल जाने से अच्छा अपनी जगह खड़े रहकर कम आकर्षक रह जाने से सन्तोष कर लेना होगा। अपनी रचना-प्रक्रिया में खड़े रचनाकार के लिए जितनी तात्कालिकता कला के चरम को छूने की नहीं होती उससे ज्यादा अपनी अन्तर्वस्तु को एक अनुशासित विकास देकर उसकी समग्रता में प्रस्तुत करने की होती है। इसीलिए उसके सामने पूर्णरूप से 'निरपेक्ष' जैसा कुछ भी नहीं होता, और वह सापेक्ष के अपने ज्ञान और उसके प्रति दायित्व के बोध से संचालित होकर ही रचना-कर्म को ठीक से निष्पादित कर जाने के फलस्वरूप उसे 'सुन्दर' के पीछे भागने की जरूरत नहीं पड़ती, बल्कि वह खुद अपनी अन्तर्वस्तु के तादात्म्य से शेष जगत के साथ एकात्म होकर 'सुन्दर' हो गया रहता है। उसके सही होने की कसौटी किसी भी हालत में हम नहीं प्रस्तुत कर सकते। उसे वह कसौटी हमारा वह इतिहास

प्रस्तुत करता है जो संघर्ष की विकास-प्रक्रिया के साथ-साथ निर्मित और विकसित होता जाता है। हम उसके साथ सजातीय होकर कुछ चल लें, यही काफी होता है।

[11 दिसम्बर, 1983]

स्वप्न-गीत

कविता सब कुछ देखती है,
सब कुछ मालूम है कविता को–
कविता के बिना समय भी अन्धा है।

बिना सूरज डूबे समाप्त हो रहे दिनों का
हाथ पकड़
मुमकिन नहीं है भेद पाना
रात्रि के अँधेरे को।
दिनों को पूरा जीवन जीने देने के लिए
आदमी और कविता के बीच संघर्ष जारी है।

संघर्ष जारी है
करोड़-करोड़ सपनों को साथ लेकर
समय को आदमी की सीमाओं से
ऊपर उठाने का।

महाभारत की साँझ के सामने
कल निरुत्तर खड़े आदमी से
आज अपनी इस लहूलुहान सदी से
प्रश्न कर रही कविता में खड़े आदमी का फर्क
हिरोशिमा की स्याह पड़ी झीलों तक को मालूम है,
नहीं मालूम है तो आदमी को।

मालूम यह भी नहीं है
कि मिटाना चाहे तो भी
आदमी अपने को नहीं मिटा सकता—
उसके सपनों में,
जैसे उसकी कविता में,
मौत और बर्बादियों के बीच से भी
उसे फिर-फिर खड़ा करते जाने की
कभी न हारने वाली ताकत है।

बेमिसाल ऊँचाइयों वाली सदी
आकाश के गहरे मौन से
अपने जख्मों की गहराई नापती है।
और आदमी के कन्धे का सहारा लेकर
एक और कदम उठाने के लिए
पैर सीधा कर रहा है समय—
कविता उसके पाँवों के नीचे आकर
गर्मी पहुँचाती है।

मुश्किल यह है
कि आदमी ही अभी बुरी तरह खण्डित है—
संघटित होने की प्रक्रिया में
सूरज को विश्वास में ले लेने की कोशिश में है,
जबकि सूरज
उससे रू-ब-रू होने के पहले
अपने लिए एक नया नाम और नया रूप
तजबीज कर लेना चाहता है।

[7 जुलाई, 1985]

शब्द मेरे साथ खड़े होने लगे हैं

शब्द मेरे साथ खड़े होने लगे हैं।
मैं कहता हूँ पेड़,
पेड़ सामने खड़ा रहता है।
मैं पेड़ को छूता हूँ,
पेड़ मुझे छूता है—
मुझसे बोलता-बतियाता है।

फूल सामने खिला रहता है।
मुझे सूँघो, शब्द कहता है।
मैं सूँघता हूँ,
और शब्द मेरे अन्दर उतर जाता है।

फिर कोई तितली होती है
रंगीन पंखों पर आसमान को उठाये।
मैं उसे बहुत आहिस्ते पकड़ता हूँ,
और शब्द मेरी अँगुलियों पर
अपनी छाप छोड़ जाता है।

इसी तरह कहीं कोई निर्झर
जब चाँदनी में अपना संगीत छेड़े रहता है,
मेरा तार-तार बजने लगता है।

मेरे सीने से लग जा, शब्द अधीर
होकर कहता है।
और आसमान की पेशानियों पर
पसीने की बूँदें छिटक आती हैं।
मैं निर्झर को बाँहों में समेटने के लिए
आगे बढ़ता हूँ,
और शब्द मुझे बाँहों में लेकर गा उठता है।

अपनी इस दुनिया में
अनेक नाम और अनेक रूप हैं,
अनेक-अनेक रंग और गुण हैं—
संख्यातीत शब्द हैं।

और
एक और शब्द है—आग।
डरो मत, कहता है,
मेरे साथ खड़ा हो जाओ।
मैं उसके साथ खड़ा होने से पहले
घबड़ाता हूँ।
किन्तु,
जब बेभरम होकर उसकी ओर बढ़ता हूँ,
वह आगे बढ़ आता है
और बड़े प्यार से मेरे हाथों को थाम लेता है।

एक तार मेरे अन्दर बजता है,
एक तार उसके अन्दर बजता है,
और संगीत हम दोनों को अपने में
बाँध लेता है।

शब्द हमसे जुदा कहाँ हैं!

[4 जून, 1985]

बयान

एक समन्दर मेरे अन्दर खौल रहा है,
एक समन्दर मैं खुद हूँ।
कभी गर्म रहता हूँ,
कभी ठण्डा पड़ जाता हूँ,
मगर समन्दर हमेशा खौलता रहता है।

नदी जब समन्दर में गिरती है,
कह कर नहीं गिरती–
चुपके समन्दर हो जाती है।
और जब ऊपर उठते हुए पेड़
आकाश पीते रहते हैं,
किसी को कुछ मालूम नहीं होता–
आकाश सिर्फ छोटा होता जाता है।

वैसे ही,
इधर लकड़ी जलती है
और उधर आग ऊपर उठती जाती है।
और कभी यदि सारा जंगल धधक उठा
तो आग और विध्वंसक हो जाती है।

[11 जुलाई, 1985]

जोगिया

जोगिया रास्ते में अचानक मिल गया।
बोला, अँधेरे में आदमी को
चेहरे से पहचान पाना मुश्किल है।

फिर उसने बीड़ी सुलगायी।
देखा, ऊपर से नीचे तक खून से लथपथ है।
क्या हुआ?
माँ से मिलने को घर जा रहा था,
मिल नहीं सका—
माँ और मेरे बीच बन्दूकें खड़ी हो गयीं,
और कुछ भाले भी भटक गये।

जो मैं था वो जोगिया नहीं था
और जो जोगिया न था वो मैं था।
हमारी बात फिर यहीं पर टूट गयी—
जोगिया अपने अँधेरे की ओर बढ़ गया,
मैं अपने अँधेरे की ओर,
और समय जो अभी खड़ा हो रहा था
उसकी साँस देखते-देखते टूट गयी।

दोनों के बीच एक काफी बड़ा फासला है—
मैं जोगिया तक नहीं पहुँच सका,

और न जोगिया का मेरे पास आना हुआ।

जोगिया की माँ,
इस बीच एक दिन
जरूर मिल गयी थी
हाथ में कण्डा लिये।

जोगिया का कोई पता नहीं बचवा,
कहाँ ढूँढ़ती फिरूँ!
कण्डा मिला आटा नहीं,
आटा रहा कण्डा गायब।
कण्डा-आटा जुटाते-जुटाते सारी उमर बीत गयी,
मगर यह जांगर अभी तक खड़ा है।

मैं कुछ नहीं बोला,
बोलता भी क्या!
खुद अपनी माँ सामने हो गयी,
और परेशानी मेरी मुझसे बड़ी हो गयी।

मैं और जोगिया
जोगिया और मैं—
हिसाब लगाता रहा, नहीं लगा पाया,
आदमी से बड़ा हो जाता है आदमी का साया।

जोगिया का खून हो गया है,
जो पहाड़ था अब गल के नून हो गया है।
मगर यह नून कहाँ जाकर पचेगा,
और जो नहीं पचा,
कौन फिर बचेगा?

एक सियार माँद से बाहर निकल आया है,

और आखा गाँव का बारह बज गया है।
आकाश गड्ढा हाथी के माथे पर डंक मार रहा है।

मैं गली-गली घर-घर
जोगिया को खोजते फिर रहा हूँ,
और जोगिया मेरे पीछे-पीछे चलता है।
लाख करूँ, अन्धकार पीछा नहीं छोड़ता—
हम दोनों रास्ते को
और रास्ता हम दोनों को छलता है।

धरती फिर भी घूमती है।

कोई मशाल यहाँ सो जाती है,
कोई मशाल वहाँ जल उठती है।
और आग का क्या हिसाब,
आग जब पानी में भी होती है।

जिरहबख्तर लिये खड़ी शाम,
कुछ नहीं बिगड़ा, जो इस क़दर घायल है।
एक वक्त ऐसा भी आता है,
जब यही शाम सुबह हो जाती है।...

जम्बूद्वीप

पेड़ लगातार गिराये जा रहे हैं
लगातार खड़े होते जा रहे हैं पेड़।
मौसम उठकर ठीक से खड़ा नहीं हुआ अभी,
अभी हवा ने रुख नहीं बदला,
बेवजह पेड़ों से टकराये जा रहे हैं पेड़!
छोटे पेड़ बड़े पेड़
रंग-रंग के किसिम-किसिम के पेड़
पेड़ ही पेड़ पेड़ ही पेड़ पेड़ ही पेड़
मगर पंक्तिबद्ध नहीं हो पाते ये पेड़!

बगीचा खड़ा होने की अलग शर्त होती है,
घर-बगीचा एक होने की अलग शर्त होती है,
बिलकुल अलग शर्त होती है समय के बदलने की,
ज्वालामुखी के जगने की भी अलग शर्त होती है!

मगर इन शर्तों का मतलब समझ नहीं पाते हैं पेड़,
उल्टा-सीधा का फर्क समझ नहीं पाते हैं पेड़,
उठते हैं गिरते हैं आगे बढ़ते हैं पीछे हटते हैं,
फिर परस्पर टकराते हैं और कटते हैं पेड़!

मैं कुआँ खोद रहा हूँ

मैं कुआँ खोद रहा हूँ
एक अपने लिए, एक तुम्हारे लिए।

तुम्हारा वाला इतना गहरा नहीं है,
मगर मेरा वाला बहुत गहरा है—
और कोई जा न गिरे इसलिए उस पर
अभी से दिन-रात का पहरा है।

मगर घबड़ाओ नहीं, तुम गिरे भी यदि,
पानी गर्दन भर ही रहेगा।
थाह मेरे वाले की ही नहीं है कोई,
वहाँ का खतरा बराबर बना रहेगा।

तुम्हारे यहाँ, खुशकिस्मत हो, बात और है—
नहा-धो लेते हो, मजे से खाना-पीना भी हो जाता है।
और पानी कभी गर्दन से ऊपर नहीं होता इसलिए
बिना किसी खतरे के ही सब काम निकल जाता है।

मगर मेरे यहाँ आफत है, आफत-ही-आफत है,
दिन खोदते-खोदते भरता है, रात बिना खाये सो जाती है।
कुआँ इतना गहरा हो गया है कि झाँको तो चकराकर गिर जाओ,
और एक चिड़िया तक पियासी चली जाती है।

जब भी कोई बच्चा मरता है बूँद-बूँद के लिए तड़प कर,
कुआँ हार कर एक हाथ और गहरा हो जाता है—
घर इधर अँधेरे में डूबा रहता है, और उधर
पहरे का हिसाब ये है कि घबड़ाकर और सख्त हो जाता है।

मेरे कुएँ की गहराई से उसकी घबड़ाहट का क्या सम्बन्ध है?
अँधेरा मेरे यहाँ बढ़ता है,
और रोशनी तुम्हारे घर की काँपने लगती है—
रोशनी और अँधेरे के बीच का दस्तूर
आखिर क्यों बिगड़ने लगा है?

सुनो, मेरा कुआँ तुम्हारे कुएँ के पास ही—
बिलकुल सट कर खड़ा है,
बिलकुल पास ही खड़ा है तुम्हारी रोशनी के
मेरे घर का अँधेरा,
तुम्हारा कुआँ भस कर कभी भी मेरे कुएँ के
पेट में जा सकता है,
मेरा सवेरा भी वहीं खड़ा है जहाँ तुम्हारे
घर का अँधेरा।

बदलो, अब से भी बदलो—
समय ने अन्तिम निर्णय ले लिया है
तुम्हारे लिए।

मैं कुआँ खोद रहा हूँ—
एक अपने लिए, एक तुम्हारे लिए।